U0470892

政党外交论丛 ‖ 申险峰·主 编　徐 亮/邢新宇·副主编

"一带一路"建设中的美印因素研究

A Study on the Intention of the United States and India in the Process of the Development of the Belt and Road

徐 亮◎著

时事出版社
北京

本丛书由北京第二外国语学院首都对外文化贸易与文化交流协同创新中心"新时期中国外交新模式的政党实现"(项目号535013/005)资助出版。

目　录

导论 …………………………………………………………（1）

第一章　美印对"一带一路"的态度与特点 ………………（9）
第一节　美国对"一带一路"倡议的反应 ……………（9）
第二节　印度对"一带一路"的认知 …………………（18）

第二章　美印对"一带一路"的具体战略举措 ……………（27）
第一节　美国战略层面的"印太"政策 ………………（27）
第二节　印度战略层面的"季风计划" ………………（45）
第三节　美国改善与缅甸的关系 ………………………（50）
第四节　美国与越南的军事合作 ………………………（55）

第三章　美印应对"一带一路"建设行为的原因 …………（63）
第一节　美国回归"实力换和平"的政策取向 ………（63）
第二节　印度追求区域主导与大国地位 ………………（68）
第三节　美印合作的体系文化原因——以民用核能

　　　　合作为例 ……………………………………（73）

第四章　美印的共同战略合作 ………………………………（81）
第一节　美印合作关系的历程 …………………………（81）
第二节　美印合作的传统领域 …………………………（91）

第三节　美印在阿富汗事务上的合作 ………………………… (95)

第五章　美印战略合作的发展前景 ………………………… (101)
　　第一节　美国因素对"一带一路"的影响 ………………… (101)
　　第二节　美印战略合作下的印太海域形势 ………………… (108)
　　第三节　美印战略合作下的大国合作与竞争 ……………… (113)

第六章　"一带一路"建设的启示与思考 ………………… (124)
　　第一节　实验示范效应 ……………………………………… (124)
　　第二节　塑造情感共同体 …………………………………… (128)
　　第三节　争取话语权 ………………………………………… (139)

主要参考文献 …………………………………………………… (145)

导 论

一、研究缘起

2015年5月18日，中国与全球化智库（CCG）在北京总部宣布成立"中国与全球化智库'一带一路'研究所"[①]，公布已有研究成果，并发布国内首份"'一带一路'沿线列国路线图"。笔者在参加"一带一路"研究所成立大会发言时提出，"一带一路"倡议能否成功的非常重要的外部因素是"一带一路"利益相关大国支持与否，即"一带一路"的利益相关方美国、俄罗斯、印度等全球大国和地区强国采取何种对策。

学界普遍认为，"一带一路"倡议的主要覆盖地理范围是"亚欧大陆"，被描述为"横贯亚欧大陆，覆盖区域

---

① 本书使用的"一带一路"术语，都使用引号。但有些机构的名称并没有使用引号，本文尊重权威机构的原来用法。在中国共产党十九大报告和《中国共产党章程（修正案）》的决议中，使用了三个有关"一带一路"的术语，分别是"一带一路"建设、"一带一路"倡议、"一带一路"国际合作。本书行文基本上遵循这三个概念。

人口总量大，沿线各国之间在政治制度、经济发展水平以及文化传统等方面存在诸多差异"[①]。在这些亚欧国家中，有一些国家的作用与影响是至关重要的："中国与亚欧大陆上的俄罗斯、印度、土耳其、沙特阿拉伯等新兴国家合作具有了新的战略与经济意义，应将之与中国西进经营亚欧大陆'一带一路'倡议紧密结合起来"[②]。很显然，在这些沿线新兴大国中，积极回应"一带一路"倡议的国家有俄罗斯、土耳其、沙特阿拉伯和伊朗等。而印度则反应冷淡并采取"季风计划"，但2018年似乎又做出了积极姿态。学者们在探讨印度如此行为的原因时认为，"印度对'一带一路'倡议存在着复杂而矛盾的认知，根本原因在于印度主要从地缘政治的角度看待'一带一路'，其核心关注点是国家安全、印度在印度洋和南亚的主导地位等"[③]。与印度的战略反复相似的是，作为亚欧大陆之外的全球超级大国美国对"一带一路"倡议进行了某种反制，美国总体上是反对亚太盟国参与该倡议的。但韩国以及欧盟核心国家不顾美国的反对，积极加入亚投行，表明越来越多的西方国家逐步认识到"一带一路"倡议产生的重大影响和带来的巨大利益，也使中方认识到欧洲核心大国在推动"一带一路"建设中的重要作用[④]。因此研究这两个

[①] 王义桅、郑栋：《"一带一路"倡议的道德风险与应对措施》，《东北亚论坛》，2015年第4期。

[②] 邹志强：《全球经济治理变革对中国与新兴国家合作的启示》，《世界经济与政治论坛》，2014年第4期。

[③] 林民旺：《印度对"一带一路"的认知及中国的政策选择》，《世界经济与政治》，2015年第5期。

[④] 张骥、陈志敏：《"一带一路"倡议的中欧对接：双层欧盟的视角》，《世界经济与政治》，2015年第11期。

国家对待"一带一路"态度的动因、表现和中国的对策非常重要。特别值得注意的是，由于美印两国的共同需要，两国逐渐接近并产生了共同的愿望，采取了相应的行动。

2017年10月18日，在美国与印度建交70周年之际，时任美国国务卿蒂勒森在华盛顿智库国际战略与研究中心发表了题为《界定我们与印度下一个世纪的关系》的演讲，提出了美国将"印度—太平洋地区继续保持自由与开放"（the Indo-Pacific, a region so central to our shared history, continued to be free and open）的"印太"政策[1]。在这之前，美国总统特朗普于2017年8月21日发表的关于阿富汗及南亚局势的讲话中也强调，为使阿富汗局势正常化，美国将发展与印度的战略伙伴关系[2]。"印太"一词在奥巴马后期即时有提及，"自由开放的印太"概念其实也并不新鲜。特朗普新"南亚战略"出台伊始，许多分析认为这一新的美印合作政策宣示很可能是"美国一厢情愿"[3]。其原因：一是印度不可能忽视与中国的经济利益而全面配合美国的亚太战略；二是如果印度转向同中国的对抗政策，将违背印度长期执行的"不结盟"政策；三是印度莫迪政府面临着严峻的国内政治问题，包括时隐时现的"大吉岭乱局"以及经济改革困境，促使其寻求与中国合作；四是特朗普政府提出的发展美印战略伙伴关系的口

---

[1] http://mea.gov.in/bilateral-documents.htm?dtl/28560/United_States_and_India_Prosperity_Through_Partnership. 访问时间：2017年11月1日。

[2] http://cn.dailyeconomic.com/2017/08/22/11228.html. 访问时间：2017年7月4日。

[3] http://mil.news.sina.com.cn/dgby/2017-05-27/doc-ifyfqqyh8754427.shtml. 访问时间：2017年5月6日。

号，并非超出奥巴马政府时期的对印政策框架，只不过是一种再次强调和姿态的高调。① 这个观点固然有一定道理，但忽视了印度虽不在口头上宣布采取遏制政策，但其实际行为无不体现遏制的行为逻辑。对于如何认识美国来说，也要进行类似的分析。在特朗普政府作为奥巴马对外政策"反派"，重新审查美古关系、退出教科文组织、不承认伊朗核协议这样一个大背景下，这一"继续保持"战略是很不寻常的举动。"印度—太平洋地区继续保持自由与开放"很大程度上代表了特朗普上台以来美国亚太战略将要延续奥巴马政府"亚太再平衡"的本质。上至特朗普，下至美国国务卿等众多美国高官开始高频次使用"印太"（Indo-Pacific）一词以替代奥巴马时期的"亚太"（Asia-Pacific）。"自由与开放的印太"概念成为了特朗普时期美国新亚洲政策的口号。可以说，美国亚太政策的重心，正从东南亚朝两个方向偏移：东北亚与南亚。在这种转变中，除了东北亚地区的美日同盟、美韩同盟等原有的东北亚安全框架，特朗普致力于开拓一种基于美印关系的印度洋战略，从而构成了一个完整的"印太战略"。

"自由开放的印太"是美国接触亚洲的一个传统的海洋战略框架，意指美国、日本、澳大利亚、印度等海洋国家联合起来。从美国前国务卿蒂勒森的论述中，可以看出，美印要建立"百年战略关系"以应对中国崛起。当蒂

---

① 2016年8月27日，日本首相安倍晋三在非洲开发会议上提出了日本所谓的"自由开放的印度洋—太平洋战略"。2016年12月27日，日本首相安倍晋三与美国总统奥巴马在夏威夷火奴鲁鲁的美军太平洋司令部举行会谈。两国首脑还确认为了"让印度洋和太平洋成为自由开放的海域"，将谋求与印度和澳大利亚加强合作。

勒森在美国智库演说提到"自由开放的印太"时，他解释是针对"掠夺式的经济"，矛头直指中国的"一带一路"倡议。无论印度是否能在美"制衡"中国战略中发挥更大作用，对于美国和印度在"一带一路"倡议过程中的表现和动向，中国绝不可低估。这一美印合作战略很可能会给未来东亚、南亚安全格局的稳定带来新的不确定、不安全因素。在特朗普2017年11月到访亚洲数国后，美、印、日、澳四国随后立即进行了第一次战略对话，表明美国"印太"政策对"一带一路"倡议的影响绝非仅是机遇，也并非只是泡沫。

现有的研究框架中，系统探讨美印对"一带一路"影响的著述较少，基本上都是从美国或印度的某个政策领域入手。现有的研究，也缺乏"合作遏制"的视角来分析问题。在现行国际体制下，如果没有国际社会的配合，单独一个国家采取某种行为的效果是乏力的。对越来越倾向于单边主义的特朗普来说，拉拢印度显得有些另类。

二、"一带一路"建设的风险点

"一带一路"建设中会遇到各式各样的风险，从安全风险、经济风险到所在国的政局稳定与否等都会对"一带一路"建设造成多角度、立体式的影响。国家间关系层面的支持与合作，只是打开了"一带一路"建设的大门，而合作开展"一带一路"建设遇到的问题则会层出不穷。

（一）国际战略的结构性矛盾

"一带一路"作为中国首个主导的区域经济合作机制，其建设必然受到一些国家的质疑，从而遭受国际政治的阻力。

1. 美国因素

在一些国家中，和美国关系密切的，为了保持和美国战略上的一致性，对"一带一路"倡议保持警惕与质疑。

2. 印度因素

在"海上丝绸之路"计划中，印度洋是必经之地，因此印度的态度对"一带一路"倡议更为重要。此外，受印度影响的南亚国家如斯里兰卡、马尔代夫、尼泊尔都可能在"一带一路"倡议的立场与态度方面产生反复。

（二）"一带一路"沿线局势的不稳定

1. 中东局势的复杂变化

中东局势特别是叙利亚和也门局势无法稳定下来，可能会给"一带一路"倡议在本地区的实施增加阻力。另外，由于伊朗、沙特、以色列、土耳其和埃及等五国无法达成地区战略一致，可能导致中东国家在参与"一带一路"倡议上有心无力，出现复杂的局面。而阿富汗尽管表现出对"一带一路"的极大兴趣，但由于国内反恐局势严峻，其参与"一带一路"计划的能力非常有限。

2. 东北亚局势风险存在

美国通过军事威慑、联合军演在东北亚制造紧张气氛，一旦擦枪走火，将使"一带一路"倡议前景蒙上阴影。朝韩元首互访和"特金会"之后，和平机会大大提升但危险仍未消除。

（三）"一带一路"面临的恐怖主义袭击风险急剧增加

"一带一路"共建国家大部分处于亚欧大陆。而这一地区基本上是难民的主要输出地。由于"一带一路"倡议秉承开放的原则，"对于独狼式、高科技手段等方式混杂在'一带一路'倡议参与人员中制造恐怖袭击的风险急剧增加"[①]。2018年11月中国驻卡拉奇领事馆遭遇袭击即是一例。

（四）一些国际媒体的有意负面报道和刻意抹黑

"一带一路"倡议还面临着来自国际舆论的阻力，主要是一些西方媒体。在"一带一路"倡议提出后和实施过程中，一些西方舆论表现出了浓浓的醋意。它们借助于国际社会对"一带一路"的关注，撰写对"一带一路"倡议实施评估的文章，挑动一些国家和国际组织反对"一带一路"计划的筹备。

总体来说，这些问题如果不妥善解决，会对"一带一

---

① 孙永生：《一带一路：中国海外利益安全风险防控》，《智库理论与实践》，2017年第6期。

路"建设造成极大的负面冲击和干扰。"一带一路"建设除了经济上的投资、贸易外，还需要政治保障、文化包容与理解等为"一带一路"秩序建设、文化建设保驾护航。因此，"一带一路"建设要走科学发展、可持续发展的文明之路。

本书力图分析美国、印度在面对"一带一路"倡议时采取的态度、表现及其原因和对策。美国、印度是中国"一带一路"倡议的利益相关者（stakeholder）。"一带一路"要取得成效，就要时刻关注美国、印度的态度变化，这对于思考"一带一路"建设更加健康、稳定从而达到预期的目标具有重要意义。

本书是在多篇对美研究动态观察报告的基础上写就的，有些观点未必是切合时宜的，甚至可能存在着错谬。本书文责自负，欢迎专家学者批评指正。感谢北京第二外国语学院首都对外文化贸易与文化交流协同创新中心2016年度课题"新时期中国外交新模式的政党实现"为本书出版提供的经费资助，也感谢时事出版社编辑对本书认真负责的审校。

第一章
美印对"一带一路"的态度与特点

本章从对外政策角度来考察美国、印度两个国家对"一带一路"倡议的基本态度、认知和影响。本章的主要关注时段是美国的特朗普时期、印度的莫迪执政时期两个阶段。

第一节 美国对"一带一路"倡议的反应

中国提出"一带一路"倡议对实现中华民族复兴具有重大意义,也震动了西方国家。"一带一路"倡议构想既是一种命运共同体框架内的共同发展、合作双赢的经济构想,也是一种有关地缘板块的"中国主张"。"一带一路"沿线国家与中国构成了三种关系:这些国家与"一带一路"倡议的总体关系、这些国家分别与中国的双边关系以及中国与沿线区域组织的关系。但是客观上来说,无论这些关系如何发展,是大国与小国的关系也好,或是中等国家之间的关系也好,其中起到主要作用的,还是中国与沿线国家中的大国关系,特别是与俄罗斯、印度等直接沿线国家的关系是非常重要的。而美国由于是世界超级大国,因此中美关系是"一带一路"倡议中要处理的全球大国关系的重中之重。那么美国对"一带一路"倡议的基本认知如何?

一、美国对中国"一带一路"倡议的基本认知

根据现有资料,关注中国"一带一路"倡议构想的群体主要是美国政界、军方、学界以及舆论界,普通美国民众对此缺乏基本认知。

关键词之一:抗衡。以美国军方、政界为代表的部分势力看来,中国"一带一路"倡议旨在"对抗"美国对亚太和欧亚地区的控制。中国政策制定者已将"一带一路"倡议塑造为对美国大肆宣扬的"重返亚洲"的回应[①]。

关键词之二:权力扩展(含政治、经济两个层面)。以美国外交决策层为代表的政界认为中国提出该倡议在战略空间上可以实现向西拓展,意在与美国寻求欧亚大陆地区的陆海战略空间的"权力分享"甚至"势力划分"。

关键词之三:全球秩序。以美国内对华较不友好的势力(政界、军方的部分代表)认为,中国"一带一路"倡

[①] 龚婷:《"一带一路":美国对中国周边外交构想的解读》,《中美新型大国关系:分歧管控与合作型外交》,时事出版社,2014年版。

议构想立足于欧亚区域，建构"去美国化"的地区及全球秩序①。美国认为中国联合俄罗斯等国形成事实上的"准同盟"，共同对抗以美欧为中心的价值观，重塑地区和全球秩序②。

关键词之四：资源与发展需求。对华较中立的美国学者和政治家认为，中国"一带一路"倡议目的是扩大能源资源进口来源、拓展和保障运输通道，丝路建设能够显著增强与欧亚大陆上非欧洲文明国家在交通和基础设施上的互联互通，将使中国获得成本更低的陆上能源运输通道。美国方面认为，陆海并进的"一带一路"倡议，一方面在战略空间上可以实现向西拓展，另一方面也能满足中国快速增长的能源资源进口需求及急迫的海上通道安全需求③。

二、美政府对作为"一带一路"倡议段落——南海的政策认知

伴随"丝绸之路经济带"与"21世纪海上丝绸之路"倡议的实施，南海成为了海上丝绸之路的重要段落，围绕这一地区展开的争端影响着倡议的进展以及是否能顺利实施。美国对于中国"一带一路"倡议的解读，可能是其近

---

① 马建英：《美国对中国"一带一路"倡议的认知与反应》，《世界经济与政治》，2015年第10期。
② Shuaihua Wallace Cheng, "China's New Silk Road: Implications for the US," Yale Global, May 28, 2015, http://yaleglobal.yale.edu/content/china%E2%80%99s-new-silk-road-implications-us. 访问时间：2016年11月22日。
③ 马建英：《美国对中国"一带一路"倡议的认知与反应》，《世界经济与政治》，2015年第10期。

年来在南海地区行为的重要动力。南海问题是"一带一路"倡议提出后大国博弈的方向之一。

2017年1月特朗普就任总统初期，对美国南海政策有两种判断：一种是不确定派，认为"美国的南海政策也暂时进入不确定期"①；另外一种是乐观派，认为特朗普"在南海会采取与东北亚类似的策略"，"尊重即成事实，不谋求'再平衡'以改变现状。其实，特朗普已经间接地给中国带来了很多南海利益"②。不确定派基于解释问题的理性，对于政策制定者来说价值不高。第二种则容易误导决策者做出乐观的判断，特别是5月25日美军派出"杜威"号导弹驱逐舰，再次闯入中国南沙岛礁邻近海域，才使这一声音变弱。由于特朗普在言论和行为上传达的信息逐渐清晰，学术界对于"不确定"的言论也趋于减少。中国国内关于特朗普南海政策的相对悲观的观点认为"未来一段时间内，在美国东南亚联盟体系运作不畅的情况下，中美两国围绕所谓'航行自由'问题展开博弈甚至直接对抗的风险明显增加，南海问题的管控难度将进一步加大"③。事实上，美国国内在南海问题上有着两个基本的派别，一是特朗普总统代表的"南海问题靠边站"派，另外一个则是以军方、智库、国会反华议员组成的"南海问题激烈挑战中国"派。如美国军方太平洋总部自特朗普上台至2017

---

① 李立新：《南海地区局势、趋势预判及对策建议》，《国际关系研究》，2017年第2期。
② 强舸：《特朗普当选对中国的影响——基于政治制度、社会基础和其竞选主张的政治学分析》，《理论视野》，2016年第12期。
③ 叶海林：《特朗普当选美国总统后的中美南海互动》，《亚太地区发展报告（2017）》，2017年版。

年5月底已经四次提议美军舰船到南海"自由航行"。为什么会出现这样的分歧，原因在于美国的三权分立制度以及相应的"政客+官僚"制度。在三权分立体制下，尽管特朗普想在南海问题上低调、务实，但是国会内部的反华派别不会停止游说和努力。在"政客+官僚"的行政制度下，特朗普代表的政客系统刚刚执掌权力，在处理国内外问题上，相当大程度上要依靠文官系统形成的政治与外交惯性运行体制。这两部分群体都会向特朗普施加压力和影响。尽管特朗普特立独行，但实际上由于他对政治与外交事务的不熟悉，在很大程度上还是要依赖幕僚与精英圈子提供的信息予以参考。

（一）主张向中国"传递明确信息，释放强硬信号"

美国政府和军方宣称，要给中国在南海"传递明确信息，释放强硬信号"，表现为特朗普四月批准2017年美军南海挑衅计划。这是特朗普决策圈子的核心出发点。特朗普总统在首次联大演讲时号召抵制"威胁"乌克兰、南海问题争端国家的行为，其指向已经相对明确。

（二）主张"在南海采取航行自由行动"

将南海博弈标定为"中美亚太地缘战略竞争"的焦点，是奥巴马政府时期美国政治精英的主流观点。特朗普上台后，该政策被多家智库继承并按此观点对新政府进行游说。如2017年5月9日，美国国际问题与战略研究中心报告《反击亚洲的海上胁迫》（*Countering Coercion in Maritime Asia*）中称中国正在南海、东海采取模糊、非对称和渐进策略，美国必须全力进行反制①。时任美军太平洋总部司令哈里斯不仅鼓吹"明天就准备在南海开战"，而且多次公开表示，"我认为我们不久就会在南海采取航行自由行动"②。2017年8月10日，美国海军"麦凯恩"号导弹驱逐舰擅自进入中国南沙群岛有关岛礁邻近海域。10月10日，美军导弹驱逐舰进入西沙领海，再次证明这一观点在特朗普决策层中的话语权正在上升。哈里斯作为时任美国太平洋总部司令，对华态度主要服从于美国的整体战略，但是他对美国对华政策的制定与调整起着重要的作用。作为太平洋总部司令对国会议员的影响，有时比国务卿的作用还大。他不仅在贯彻奥巴马政府的"亚太再平衡"战略中发挥了独特的作用，而且在特朗普执政之后也在不断地推动美国政府对中国采取强硬的姿态。

（三）主张中美减少战略误判

中美应共同维护南海和平稳定，避免"麻痹大意导致中美在南海的冲突"③。美国前常务副国务卿内格罗蓬特、美国海军学院语言和文化系副主任马伟宁都持类似观点。美国前联邦众议员罗恩·保罗认为，"美国这种行为（指

---

① https://www.csis.org/analysis/countering-coercion-maritime-asia. 访问时间：2017年11月1日。

② http://www.sohu.com/a/143651042_643826. 访问时间：2017年11月1日。

③ Steven Stashwick. "Ambiguous Trump Policies Might Accelerate China's Militarization in the South China Sea：China could use threats to block its Spratly bases to bolster their military capabilities". January 25, 2017. https://thediplomat.com/2017/01/ambiguous-trump-policies-might-accelerate-chinas-militarization-in-the-south-china-sea/. 访问时间：2017年11月1日。

派遣军舰到南海）具有潜在的危险性"①。美国卡内基国际和平基金会高级研究员史文认为，中美双方应更清晰表明立场，力避冲突②。但这种理性声音在美国正日益被边缘化。

（四）减少美国巡航的曝光度

特朗普政府已经批准了五角大楼要求美军"例行、规律地"在南海开展"自由航行行动"的年度计划，这使美国海军可以更自由地开展行动，相关航行请求也会"更快得到批准"。与奥巴马政府不同，特朗普对南海没有"维护规则、秩序和价值观"等方面的兴趣。虽然他在竞选时期多次指责中国，但上台以来，美国在南海的言行都趋向"做而不说"。例行演习训练、抵近侦察虽在继续，但曝光度远不如奥巴马时期。在获胜之后就职之前，特朗普曾专程拜访了前国务卿亨利·基辛格。在南海问题上，基辛格表示，在他看来，奥巴马政府在南海问题上的一些做法有失妥当，例如让电视摄像机跟拍美国战舰在南海的巡航行动，发出在他看来应该避免的挑战等③。

"丝绸之路经济带"旨在拓宽中国西部地区和西亚各国间的联系，"21世纪海上丝绸之路"则强调自沿海口岸延伸至东盟而南海恰为海上丝绸之路的重要段落。海上丝

---

① 《中美智库南海问题对话会在华盛顿举行》，http://world.people.com.cn/n1/2016/0706/c1002-28527340.html，访问时间：2017年11月1日。

② http://world.huanqiu.com/hot/2016-07/9128892.html，访问时间：2016年7月30日。

③ http://world.huanqiu.com/exclusive/2016-11/9666685.html，访问时间：2017年3月22日。

绸之路正逐渐促使南海问题演变成为中国同东盟关系的连接点。尽管美国一直被看作南海问题的"域外国家",但中国并不排斥美国在南海问题中的影响,而是面对现实。

特朗普在竞选美国总统的过程中,曾经提及中国在南海地区的行动,但并未提出其政策主张。相反希拉里则旗帜鲜明地强调:"我们必须清楚我们确实存在持续的挑战,我们在南海面临挑战"[①]。希拉里提出的主张是支持南海问题争端国家的行动以及采取外交、法律的方式解决问题。特朗普和希拉里的差异使得我们需要从新的起点上思考问题。

三、特朗普政府的行为特点

特朗普新政府对于"一带一路"和南海政策的表态在很多方面传递出了混乱的信息,但这些混乱是暂时的。在各种信息背后,有一些内容是一贯的、清晰的。从其团队成员的组成以及成员一贯的主张来看,主要体现在三个方面:一是新孤立主义;二是新保守主义;三是用实力换和平的务实主义。美国共和党全国委员会主席雷恩斯·普利巴斯作为白宫办公厅主任,负责决定白宫政策的主要基调,并作为国会和政府的枢纽。来自布莱斯特新闻网的班农一度被特朗普任命为首席战略官,作为其军师。

第一,新孤立主义:认为南海等不是美国的核心利益,

---

① http://military.people.com.cn/n/2015/1116/c1011-27818607.html. 访问时间:2016年12月31日。

不值得在南海地区耗费美国的军事投入。该观点以特朗普本人和时任国防部长詹姆斯·马蒂斯等人为主。马蒂斯曾经多次表达过对奥巴马的不满。他认为，奥巴马与伊朗达成的伊核协议，只是暂缓了伊朗的核计划和核能力的获得，并不能根本消除伊朗核威胁。马蒂斯眼中的伊朗，是中亚和中东地区最大的"破坏者"，他们资助的什叶派武装在中东多地制造了武装冲突。马蒂斯非常看重北约的作用，认为俄罗斯是一个威胁，它采取的扩张主义会"撕裂北约"①。马蒂斯对中国在南海地区的政策持批评态度，但由于他长期主管美军中央司令部，活动区域主要是中东与欧洲，因此亚太政策方面涉及得较少，迄今的表态较为谨慎，一直相对温和。一度担任国家安全助理的迈克尔·弗林在伊斯兰问题、俄罗斯和中国等问题上，都曾发表过较为极端的言论。

总的来说，特朗普胜选的根本原因在于迎合了美国民众的根本需求——集中美国的力量，搞好美国自己的事情，让美国工人有工作，让美国国土更加安全。特朗普对美收缩的主张，有点类似于原先美国的孤立主义。但是这种孤立主义是强化美国本土安全，并且高举大棒的新式孤立主义。在这种新孤立主义思潮下，美国的南海政策体现为减少美国对于别国的协防，降低美国在外防务的经费，加强美国国内防务和美国军力建设。这意味着特朗普从军事层面扬弃了奥巴马的"重返亚太"战略，美国在南海周边国

---

① http://news.youth.cn/gj/201612/t20161204_8912159_4.htm. 访问时间：2017年2月23日。

家驻军的规模必定缩小，将淡化对日本和韩国的保护。在这个方面，美国将更多地强调这些国家本身的责任与能力。

第二，新保守主义：建议美国对中国的政策应当强硬。由于特朗普团队的大量人员都是新保守主义者，因此特朗普政府也必然表现出新保守主义的特点。特朗普虽然强调本土安全，但是也不会放弃美国的全球干涉战略，但力度会大为减小。新保守主义认为依靠国际组织和经济发展去推动问题解决太过天真，他们看重的是"强力"。因此，特朗普在竞选中认为中国在南海的行动以及发展"一带一路"计划是"威胁"，其政府内的新保守主义势力必然推动特朗普对中国强硬。特朗普团队外交顾问阿拉斯加州共和党参议员塞森斯（Jeff Sessions）就是外交政策上毫无争议的"鹰派"。

第三，务实主义：建议美国应当要求中国做出根本让步。美国本身奉行实用主义，加之特朗普的从商经历，因此美国在"一带一路"问题上会采取"美国优先"的观点，注重实际获得感，而减少无谓的道义支持与实力虚耗。从这个角度出发，过去美国所认定的一些原则、准则甚至盟友关系都是可以拿来做交易的。

第二节 印度对"一带一路"的认知

如前所述，中国政府发出"一带一路"倡议后，受到了"一带一路"沿线国家的广泛回应与支持，其中，大国是倡议规划的重点。例如俄罗斯对"一带一路"的态度对中亚各国、白俄罗斯等国家具有重大影响,而由于印度在南亚地区具有主导性地位,因此印度的态度关系到深受其影响的尼泊尔、斯里兰卡、马尔代夫、毛里求斯以及塞舌尔等国家的态度。但印度的态度较为消极,正如中国学者所判断的那样,其是"谨慎或怀疑"[①]的。也有学者提出"印度对抗或反制'一带一路'"的观点未必准确,印度政府的真实意图可能是为了"增加与中国合作谈判时讨价还价的筹码"[②]。和印度政府暧昧不清的态度相反,印度社会(主要包括民间机构如智库、媒体、个人)对"一带一路"的看法是较为明确的。因此,从中可以看出印度对待"一带一路"倡议的真实立场。

一、印度对"一带一路"倡议态度缘起

2013年9、10月份习近平主席提出"丝绸之路经济带"和"21世纪海上丝绸之路"倡议后,印度政府并没有做明确表态,但是印度智库、媒体纷纷加以介绍,一些新媒体的新闻网站和论坛的跟贴也进行了讨论。2014年2月,借着中印边界问题特别代表第17轮会谈的时机,中国国务委员杨洁篪正式向印度发出了共建"21世纪海上丝绸之路"的邀请,印度安全顾问梅农回应了邀请并进行了

---

① 林民旺:《印度对"一带一路"的认知及中国的政策选择》,《世界经济与政治》,2015年第5期。
② 龙兴春:《把握好印度对"一带一路"的真实意图》,《环球时报》,2015年7月15日,第5版。

积极评价。印度各界迅即掀起了讨论该话题的热潮。但是印度政府在这个问题上表现出了矛盾性：莫迪和中国领导人会见时表示愿将"一带一路"与印度经济发展对接，但在会后的联合声明中却没有做出表述。根据林民旺的观点，印度对"一带一路"的态度的产生原因主要有以下几个：经济缘起、安全缘起、战略缘起和美国因素①。

（一）经济缘起

这是最为直观的原因，多数集中于2013年"一带一路"提出后的窗口期与讨论期，而且集中于印度国内看法相对中立客观的人士中。在印度学界，将"一带一路"倡议归为中国经济需求的看法并不少见。例如印度孟买智库梵门阁（Gateway House）研究人员认为，"一带一路"是中国建构的经济大战略，旨在实现中国—中亚—西欧、中国—斯里兰卡—巴基斯坦、孟中印缅、中巴四个连接，通过投资和贸易协定扩大中国的对外贸易量②。印度中国问题专家、尼赫鲁大学的谢刚认为中国"一带一路"构想缘起是中国自身经济的外溢效应要求克服全球性的贸易运输网平台障碍。

（二）安全缘起

这方面的研究者基于两点，一是消极型，一是积极型。

---

① 该分类方法和部分材料来自林民旺：《印度人怎么看中国的"一带一路"》，2015年6月17日，http://finance.sina.com.cn/zl/china/20150617/090022453371,shtml，访问时间：2016年7月18日。

② 林民旺：《印度对"一带一路"的认知及中国的政策选择》，《世界经济与政治》，2015年第5期。

在消极型看法中,印度认为这是中国克服马六甲困局的"保障"方案;在积极型的视野中,则认为中国是为了发展海上力量,服务于中国成为世界强国的目标。印度国家海事基金会的格普雷特·库拉纳认为,"一带一路"意在确保中国商品的海上运输安全和保障中国海外原油供应通道。印度和平与冲突研究所的特舒·辛格也持类似观点,认为"一路"有助于中国解决马六甲困境,保障中国的海上通道安全。①

(三) 战略缘起

带有这一观点的人主要认为中国的"一带一路"倡议是为实现崛起而采取的战略性举措,是中国发展的必然步骤或重要组成部分。印度和平与冲突研究所的特舒·辛格认为"一带一路"是"中华民族复兴"大战略的构成部分,海上丝绸之路计划就是其中的组成部分。② 印度著名战略分析家拉贾·莫汉认为,中国正在试图提出一个更为宏大的战略框架,以使中国的海军崛起显得更不具有威胁性。③ 印度国家海事基金会的格普雷特·库拉纳则表达了类似的观点,他认为"一路"可能是中国扩大其影响力的大战略的一部分,以缓和其他国家对其海上崛起的担忧,还可以帮助中国海上力量打破西太平洋的地理限制,破解

---

① 林民旺:《印度对"一带一路"的认知及中国的政策选择》,《世界经济与政治》,2015 年第 5 期。
② http://www.bajuintl.com/Web/ShowView.aspx? BMID = 1003&SMID = 10031&NewsID = 4960. 访问时间:2017 年 8 月 13 日。
③ 曹卫东主编:《外国人眼中的"一带一路"》,人民出版社,2016 年版,第 223 页。

美国"亚太再平衡"战略给中国带来的军事上的压力。[①]

(四) 美国因素

很多印度人认为,中国提出"一带一路"计划是基于直接应对美国挑战而产生的。这些印度人的看法受到美国"重返亚太"战略的影响,认为中国可以通过丝路计划从另外一个角度有效拓展中国的海上空间。印度著名中国问题专家、尼赫鲁大学的谢刚认为,中国积极地向印度洋沿岸国家介绍"21世纪海上丝绸之路",这是反对美国的"亚太再平衡"战略的一部分[②]。

二、印度对中印在"一带一路"中的关系定位

由于中国提出的"一带一路"倡议中涵盖印度,因此印度自然会提出"应对之策"问题,其本质是中印双方在"一带一路"中的定位。国家间关系一般可以划分为朋友、竞争对手与敌人三种。需要说明的是,这些国家基本面的定位涉及如何认识两国关系的性质问题,但"一带一路"只是中印关系中的局部领域。虽然局部领域会影响整体性质,但是局部领域又有相对独立的性质。比方说,如果两者之间是朋友,就要相互帮助对方,自然就支持对方的战略计划;如果是竞争对手,就要胜过对方,就会出台一些

[①] 曹卫东主编:《外国人眼中的"一带一路"》,人民出版社,2016年版,第224页。
[②] 林民旺:《印度对"一带一路"的认知及中国的政策选择》,《世界经济与政治》,2015年第5期。

竞争性的计划与措施；而如果是敌人，就要想办法防范、遏制和打击对方，就会与对该计划持反对和防范态度的国家合作，并一起向这个国家施加压力。印度目前对"一带一路"的态度分以下几种：

（一）"朋友关系"：认为印度应该加入"一带一路"

印度和平与冲突研究所的维杰·沙胡加认为，中国的"一路"对印度来说是一个提升海上基础设施能力的重大机遇。[1] 印度尼赫鲁大学中国与东南亚研究中心教授狄伯杰（B. R. Deepak）在接受《中国社会科学报》采访时认为应当加强中印交流与信任，两国可共促"一带一路"建设。[2] 拉吉夫·拉詹·查特维迪主张，积极回应中国的倡议符合印度利益。[3] 印度和平与冲突研究所在2014年12月召开了"确保印度在印度洋的利益"会议，会上有观点认为，印度和中国在印度洋具有相似的目标，中国的海上丝绸之路对印度利大于弊。[4] 印度国家海事基金会的艾提玛尼·布拉认为，海上丝绸之路提供新的就业机会，印度可从中国的造船业技术和深海采矿经验中获益。印度国家海事基金会的曼汉兰认为，印度缺乏海上基础设施和技术来开发海上能源，因此"一路"于印度而言是一个发展的

---

[1] http://mini.eastday.com/a/160603215428559-43.html. 访问时间：2016年5月31日。
[2] http://ex.cssn.cn/hqxx/bwych/201610/t20161017_3236825.shtml. 访问时间：2017年4月4日。
[3] http://www.cssn.cn/zzx/xstj_zzx/201704/t20170424_3497239_10.shtml. 访问时间：2017年4月28日。
[4] http://www.cssn.cn/zzx/xstj_zzx/201704/t20170424_3497239_10.shtml. 访问时间：2017年4月28日。

机遇。① 还有一些主张加入"一带一路"的人士认为："1. 中国如果想干，印度挡不住。如果印度不加入，其他国家也会加入，最终印度会被这一潮流边缘化。2.'一带一路'的核心是基础设施，印度政府没有钱，需要外界的帮助，可以从中国的战略计划中谋利。3. 即使印度想影响中国的政策，待在'一带一路'里面也比待在外面好……印度有自己的季风工程、香料之路，又提出了一个棉花之路。'一带一路'的起点是中国，终点是中东和欧洲，印度只是个过客。所以，这里面既有战略考虑，也有民族自尊心的考虑。在矛盾的态度中，印度政府的态度可能出现软化，但不太可能一步到位。事实上，印度加入亚投行已意味着部分加入了'一带一路'"②。

（二）"竞争关系"：认为印度不应加入丝路计划，而应该有自己的发展计划

这种观点是将中国"一带一路"倡议看作"竞争关系"，主要出现于印度的舆论界。正如中国国内的舆情分析者认为的那样，"一部分印度舆论从竞争角度解读'一带一路'，并称莫迪政府提出了利用印度'历史、文化和地理优势与中国的海上丝绸之路计划竞争'的季风计划，规划了一个'印度主导的海洋世界'，包括东非和阿拉伯半岛，经过伊朗覆盖整个南亚，向东则通过马六甲海峡和

---

① http://www.cssn.cn/zzx/xstj_zzx/201704/t20170424_3497239_10.shtml. 访问时间：2017年4月28日。
② 樊诗芸：《印度人认为印度只是"一带一路"的过客》，澎湃新闻网，2015年4月3日。

泰国延伸到整个东南亚地区"①。印度国家海事基金会的执行主任格普雷特·库拉纳认为，海上丝绸之路的实施会在印度洋地区形成一个以中国为核心的"轴辐"地区架构，印度将被逐步边缘化。②印度世界事务委员会维杰·沙胡加认为中国的"一路"让印度战略界感到恐慌。印度担心如果同意参加"一路"，将促进中国参与海上合作和"扩张"；印度人应有自己的计划来取代丝路计划给周边国家带来的吸引力。有相当多的印度媒体和学者认为，印度的"四季计划""香料之路"事实上已经对中国的"一带一路"倡议做出了反制。"四季计划"立足于环印度洋国家和地区的贸易和共同开发。"香料之路"是沟通亚、非、欧三洲之间贸易往来的主要海上通道。印度与伊朗翻新恰巴哈尔港口，距离中国援建的巴基斯坦瓜达尔港很近，被认为是印度试图遏制瓜达尔港的举动。尽管印度政府不希望"四季计划"或"香料之路"被解读为是在对抗"一带一路"倡议。

（三）"敌人关系"：通过影响其他国家来反对"一带一路"

在这一点上，印度的官方和智库、媒体、学者的立场是有差异的。例如，印度外交部发言人阿克巴鲁丁努力试图向公众解释，不论是印度的"季风计划"还是"香料之

---

① 龚婷：《"一带一路"：国际舆论反应初探及应对建议》，《对外传播》，2015年第3期。
② http://www.cssn.cn/zzx/xstj_zzx/201704/t20170424_3497239_10.shtml. 访问时间：2017年4月28日。

路",都不是和"一带一路"相对的,二者并非平行或互相取代的关系。但是这些计划对中巴经济走廊、斯里兰卡港口等关键性"安全项目"形成遏制之势是非常明显的。在这一点上印度是严格区分领域的。拉贾·莫汉认为,印度与中国在海上领域合作的同时,需要长期限制中国在印度洋海域的影响力[1]。印度和平与冲突研究所的维杰·沙胡加认为,中印之间的某些问题使得"中国威胁论"在决策者的认知中被不断放大[2]。印度战略界普遍认为"一路"有助于巩固中国海军进入并立足于印度洋,并支持未来的军事行动[3]。

以上三方面的立场经常是互动发展和矛盾的,很多印度机构及学者看待问题的思路也是多层次的。例如有的印度学者认为应该在经济层面从中国的计划中受益,但是在安全层面上则不同,对于关键性的地区或敏感区域要采用印度的计划来取而代之,化解中国丝路计划的吸引力[4]。

---

[1] http://www.cssn.cn/zzx/xstj_zzx/201704/t20170424_3497239_10.shtml. 访问时间:2017年4月28日。
[2] http://www.cssn.cn/zzx/xstj_zzx/201704/t20170424_3497239_10.shtml. 访问时间:2017年4月28日。
[3] http://www.cssn.cn/zzx/xstj_zzx/201704/t20170424_3497239_10.shtml. 访问时间:2017年4月28日。
[4] http://opinion.hexun.com/2015-06-16/176757226.html. 访问时间:2015年6月18日。

第二章
美印对"一带一路"的具体战略举措

本章从行为层面来考察美国、印度两个国家对"一带一路"倡议的具体应对措施。首先从战略角度来考虑美印的应对,其次从双边关系,即美国、印度与"一带一路"沿线重要国家关系对"一带一路"的影响角度来分析。

第一节 美国战略层面的"印太"政策

特朗普政府已经在政府文件中高频次使用"印太地区"这一概念描述其亚洲政策,这是其与奥巴马政府的区别所在。需要注意的是,"本着自由、公正、互惠"宗旨的"自由、开放印太地区"构想,是特朗普2017年11月亚太之行的整体指导思想。该思想是从全局和战略角度提出的,不得不慎重进行研究。可以说,从"亚太再平衡"到"印太自由开放"政策,构成了奥巴马政府到特朗普政府时期美国对待"一带一路"政策的基本战略指导蓝图。

一、"印太"政策研究的缺点与不足

在现有的研究和政策报告中，有一些观点是存在问题的，必须加以纠正。一种观点认为，白宫有关特朗普2017年11月访问亚洲的声明和行程简报都没有提及"印太战略"（Indo-Pacific Strategy），至多强调这是一个"愿景"（vision），因此"特朗普根本没有印太战略"，或者说所谓印太战略"实际上就是美国同地区国家的双边贸易构想"①。尽管特朗普上台以来，忙于内政事务，贯彻其"美国第一"的主张，在亚洲政策方面着墨不多。但是随着10月18日国务卿蒂勒森表示"愿美印建立百年战略关系"，并不断提出"印太地区"这一概念，还在此后不断阐述这一观点，使特朗普政府的"印太"政策内容逐渐清晰。这一时期的特朗普政府在外交政策上至少会有三个趋向：清晰化表达特朗普和核心团队熟悉、选民关注的议题，习惯性延续和微调不太熟悉、缺乏选民利益诉求的议题，碎片化状态被动回应紧急的议题。"印太"政策并非是特朗普政府优先关注的目标，因此其"印太"政策带有"盟友推动""美国认可"的被动式外交决策特点。因此，不能认为特朗普没有系统表述过"印太"战略就是没有"印太"政策。而从行为层面也很难理解一个没有政策的美国政府是如何在亚洲地区采取行动的。

---

① http://news.dwnews.com/global/news/2017-11-10/60022849.html. 访问时间：2017年11月1日。

第二章　美印对"一带一路"的具体战略举措

　　另一种观点认为，"中国应该欢迎美国在'印太'地区的战略调整，尤其是美国加强其在印度洋的战略态势方面，因为这将保证印度洋的安全，减轻中国的航运安全压力"①。这种观点没有看到对中国的长远影响。2017年10月18日，时任美国国务卿蒂勒森在华盛顿智库发表的演说中极力赞扬印度并无端指责中国，他还给出论断称：美国会与中国发展重要关系，但不可能发展出美国与印度那样的关系②。《印度时报》（The Times of India）评价该言论是"美国有史以来最直率的表态：联合印度抗衡中国"③。从美国的政治体制而言，国务卿一般不会违背总统意志做出如此清晰的政策表述。何况特朗普上台后的白宫声明中首次出现"印太"字眼便是在印度总理莫迪6月访美之际。在印度访美和后来8月份特朗普与莫迪的通话中，双方均提到强化"印太地区的和平与稳定"。

　　还有种观点认为"印太"是"美国学者生造出的词"。但要知道，首次提到"印太"概念的是美国前国务卿希拉里·克林顿。2010年10月28日，她在火奴鲁鲁发表关于美国亚洲政策时提出了这一概念。"印太"政策此后不断被中外学者深入研究与探讨，得到了系统的叙述。

---

　　① 刘宗义：《冲突还是合作？——"印太"地区的地缘政治和地缘经济选择》，《印度洋经济体研究》，2014年第4期。
　　② Tillerson seeks stronger ties with India, chides ChinaPosted on October 29, 2017. https://rehmat1.com/2017/10/29/tillerson-us-arming-india-against-china/.
　　③ https://rehmat1.com/2017/10/29/tillerson-us-arming-india-against-china/. 访问时间：2017年11月2日。

二、"印太"政策的目标定位

截至 2018 年 11 月 14 日，综合特朗普总统以及时任国务卿蒂勒森的表述，美国的"印太"政策目标定位是八个词语："自由、开放、和平、稳定、公正、法治、互惠、繁荣"。

第一，四个原则。2017 年 6 月美印《联合声明》中第一次正式使用"印太"概念，双方承诺在印太地区共同遵循"四个原则"：重申尊重自由航行、飞越自由及其对商业利益的重要性；呼吁所有国家依据国际法和平解决领土争端和海上冲突；支持通过透明的基础设施发展及负责任的债务融资来促进地区经济的互联互通，同时确保尊重主权和领土完整、法治并注重环保；呼吁印太地区的其他国家遵守相关原则。

第二，"和平、稳定与繁荣"（或"和平、繁荣与自由"）的"印太"秩序前景。在美国与印度建交 70 周年之际，时任美国国务卿蒂勒森在华盛顿智库——国际战略与研究中心（CSIS）发表题为《界定我们与印度下一个世纪的关系》的演讲。蒂勒森在演讲中称，美国需要与印度合作以确保印度洋—太平洋地区成为"和平、稳定与繁荣"之地，而不是"混乱、冲突和掠夺性经济的地区"。

第三，"自由、公正、互惠"（或"法治、自由、开放"）三原则以及"自由、开放"的战略目标。11 月 5 日，特朗普在日本横田的美国空军基地发表了亚太之行的首场演讲，表示"此行，我们将寻求新的合作伙伴以及与盟友之间的合作机会，力争建立一个本着自由、公正与互惠的印度—太平洋地区"。特朗普在11月6日和日本首相安倍晋三的会晤中再次提到"要推进建设自由、开放的印度—太平洋地区"。这也是特朗普首次在亚洲之行中公开提及"印太"这个概念。

第四,"印度太平洋之梦"。11月10日,美国总统特朗普在越南岘港举行的APEC峰会上发表了演讲,其中有提到"印度太平洋之梦"。"我将同所有愿意成为我们伙伴,愿意遵守公正和互惠贸易原则的印度太平洋国家缔结双边贸易协定。我们不再会进入一个困住我们双手、牺牲我们主权、努力做一些看上去有意义但实际是不可行之事的大型协定。反过来,我们将在相互尊敬和相互利益的基础上交易。我们会尊重你们的独立和主权。我们希望你们强大、繁荣和自力更生、自我信赖,扎根于自己的历史走向未来。这样我们才能成为共享真正和不朽的价值观的伙伴,共同成长。我称呼这个为印度太平洋之梦。"[①]《外交学人》刊文认为,特朗普的"印太"梦想是互惠主义、经济和军事安全(Trump's Indo-Pacific dream focuses on reciprocity, as well as economic and military security)[②]。

三、"印太"政策的战略定位

战略定位之一:"自由、开放的印太地区"是特朗普

---

① 《特朗普APEC演讲释放强硬信息(中英全文)》,2017年11月13日,http://www.sohu.com/a/204154627_747445,访问时间:2018年5月5日。
② Patrick M. Cronin, "Trump's Post-Pivot Strategy", November 11, 2017, https://thediplomat.com/2017/11/trumps-post-pivot-strategy/Trump's Indo-Pacific dream focuses on reciprocity, as well as economic and military security.

政府的"新亚洲"政策主要口号。有舆论曾认为"印太"政策是"特朗普新亚洲政策的三分之一"或"雏形"[①]。但是美国方面认为特朗普的"印太"政策已经"基本成形",这主要缘于蒂勒森的作用[②]。美国《纽约时报》专栏作家罗杰·科恩认为,特朗普采取的"印太"政策是"对付中国正确的话语"[③]。这些评价和美国内部之前的批判态度颇有差异,如 2017 年 6 月《外交政策》网站刊文就认为"特朗普的亚洲政策比以往任何时候都更加混乱"(Trump's Asia Policy Is More Confused Than Ever),特别是美国高层官员的分歧使亚太地区的政策更加复杂化。[④]《华盛顿邮报》讽刺说,"唐纳德·特朗普最喜欢的口号是纳粹的同情者发明的"[⑤]。

战略定位之二,"印太"政策不是权宜之计,而是一种"百年战略关系"。"印太"政策和"亚太"政策的区别是印度因素的加入。一个没有印度的"印太"政策实质上不过是"亚太"政策的重复和翻版。因此作为美国"亚

[①] 张锋:《印太大联盟:美国亚洲政策的"三分之一"初露端倪》,澎湃新闻,2017 年 10 月 27 日,http://www.thepaper.cn/newsDetail_forward_1839353,访问时间: 2017 年 11 月 2 日。

[②] MANPREET S, ANAND "Tillerson's Views on India Defy Trump's Incoherent Foreign Policy", OCTOBER 24, 2017, http://foreignpolicy.com/2017/10/24/tillersons-views-on-india-defy-trumps-incoherent-foreign-policy/.

[③] 罗杰·科恩:《特朗普对于中国来说是千载难逢的好机会》,《纽约时报》,2017 年 11 月 14 日。

[④] COLIN WILLETT, "Trump's Asia Policy Is More Confused Than Ever", JUNE 12, 2017. http://foreignpolicy.com/2017/06/12/trumps-asia-policy-is-more-confused-than-ever/.

[⑤] Bill Bradley, "Donald Trump's new favorite slogan was invented for Nazi sympathizers", Eric Rauchway June 14, 2016. https://www.washingtonpost.com/posteverything/wp/2016/06/14/donald-trumps-new-favorite-slogan-has-a-nazi-friendly-history/?utm_term=.edb85e6f07cd.

太"政策的扩展版,"印太"政策的战略支点之一,必然要着重发挥印度的作用。因此蒂勒森才形容美印关系是"百年战略关系",认为印度和美国一起构成了印太地区的"两座灯塔"。可以说,"印太"政策的核心之一"美印战略伙伴关系"被定位为"百年战略"反映了其在美国对外政策中的地位。美国地缘政治学者卡普兰在《21世纪的中心舞台:印度洋上的权力角逐》和《季风:印度洋与美国权力的未来》中认为,美国要保持在这个地区的影响力,必须和印度等国家发展"长期"伙伴关系。索尔·科恩也认为,华盛顿需要通过印度保持对印度洋地区的政治经济影响力。[1]

战略定位之三:"印太"政策将"中东政策和亚太政策连成一体"[2],从而统筹亚太地区和中东地区政策,使奥巴马时期彼此分开的两个区块连成一个整体。奥巴马政府时期,中东和亚太两个地区作为彼此独立的区域,美军在这两个地区无法做到互动,政策方面也无法统筹。特朗普的"印太"政策,实际上是以印度为中心,建立起亚太地区、中东地区的连接,形成中东、亚太政策的互动关系。可以说印度洋地区在特朗普对外战略中具有枢纽地位,是特朗普在中东和亚太地区谋求新一轮战略"平衡"的关键支点。

---

[1] 索尔·科恩著,严春松译:《地缘政治学:国际关系的地理学》,上海社会科学出版社,2011年版,第245页。

[2] Donald Trump Discovers "Indo-Pacific" On Asia Tour In Boost For India. Peter Martin, Justin Sink and Iain Marlow, Bloomberg | Updated: November 14, 2017.00: 11 IST. https://www.ndtv.com/india-news/donald-trump-discovers-indo-pacific-on-asia-tour-in-boost-for-india-1775011.

战略定位之四:"印太"政策"提供了本地区发展的愿景(vision)","印太"仍然只能算是一种地缘战略构想,或者是一个正在设计之中的地缘战略体系。美国舆论对特朗普的"印太"政策持批评态度,因为他们认为"印太"政策的前景必将使美国在本地区的贸易中"边缘化"[①]。他们认为,尽管美国主张双边贸易但很少国家对美国的主张感兴趣,甚至是美国的盟友日本都不愿意。日本《外交官》杂志甚至认为美国的"印太"贸易政策是一场"灾难"[②],"印太"政策所主张的双边贸易取代多边贸易并不能使美国再次"伟大"。

四、"印太"政策的战略价值

第一,从地区秩序而言,美国"印太"政策的价值在于"确立印太地区行为标准",保障美国在本地区的战略利益。美国学者奥斯林提出在印太地区实施"同心三角"(concentric triangle)战略,"外三角"连接日本、韩国、印度和澳大利亚,"内三角"连接印尼、马来西亚、新加坡和越南。"外三角"方面提升军事合作,确立印太地区的行为标准和规范;对"内三角"国家,美国扮演"最终平衡者"角色,并协调这些国家间的培训、联合军演及能力提升。美国战略智库传统基金会学者迈克·奥斯林

---

① Don Lee, "Trump's Asia trip shows U. S. at risk of being sidelined in the region's economic future", http://www.latimes.com/business/la-fi-trump-asia-trade-20171109-story.html.

② Van Jackson, "Donald Trump's Asia Policy Would be a Disaster", September 11, 2015, https://thediplomat.com/2015/09/donald-trumps-asia-policy-would-be-a-disaster/.

（Michael Auslin）在其发表的《印太公共区域安全与地区战略》（Securityin the Indo-Pacific Commons: Toward a Regional Strategy）中，以"印太"为核心概念探讨美国在亚太和印度洋地区的战略转型。这个地区秩序包含三个基本的层次：

一是地区安全秩序。2017年11月5日美联社报道，特朗普在访问日本期间演讲时称赞了美国与日本的军事盟友关系，同时还谈到了美国在本地区的军事实力，"我们控制了天空，我们控制了海洋，我们控制了地面和空间"。

二是地区贸易安排。美国借助于印太地区新兴国家实现美国经济繁荣。2017年11月10日，特朗普在越南亚太经济合作组织（APEC）商界领袖峰会发表了演讲，提出美国支持一个"自由、开放"的印太地区，强调了印太地区在促进美国经济繁荣方面所扮演的重要角色，其本质是美国同印太地区国家的双边贸易构想。特朗普在这场"印太"主题的演讲中抱怨"贸易失衡"，认为美国降低了市场及贸易壁垒，而其他国家并没有予以回馈。他强调各国贸易要遵守公平、互惠的贸易规则，开展在印太地区的合作。他批评了制定贸易规则的世贸组织（WTO），强调美国只支持双边贸易协议，不赞成达成多边贸易协议。特朗普还强调，将来谁不遵守规则，谁就不是美国的亲密伙伴。美国不仅对中国进行批评，对自己的盟友日本也丝毫不客气。如11月6日，特朗普面对日本企业各界代表演讲时，直言批评日本的贸易对美国而言"既不公平也不开放"。

三是地区机制安排。2011年,美、澳、印三家智库联合发表了一份题为《共同的目标与趋同的利益:美、澳、印在印太地区的合作计划》的报告,提议构建一个正式的三方安全对话,配合新建立的日、美、印三方对话和日、美、澳三方对话,为日、美、澳、印四方对话的重建奠定基础。2017年10月,蒂勒森已经明确提出了美、印、日、澳四国"大联盟"的构想。蒂勒森赞扬了2017年的美印日"马拉巴尔"海上联合演习,表示要让其他国家加入这个"大联盟"中,而首选国家就是美国的另一传统盟友澳大利亚。在蒂勒森的"印太地缘图"中,印度是西部支点、日本是东部支点、澳大利亚是不可或缺的南部支点,美国则是撬动这些战略支点的"领导国家",显然蒂勒森的印太地区大战略棋盘的轮廓已经非常清晰了。

第二,从地缘战略而言,美国在该地区的存在能扼住亚洲主要经济体的能源和交通命脉。按照美国学者奥斯林对"印太"的定义:"从西伯利亚以南,经过日本、朝鲜半岛、中国、东南亚、大洋洲的陆地及海洋直到印度的一个环线"[①]。那么美国积极推动的"印太"战略正好与日本认为的从波斯湾的霍尔木兹海峡到马六甲海峡的印度洋航线及从南海穿过台湾海峡或巴士海峡到达日本的太平洋航线相重合,而这两条航线也正好是关系到日本经济命脉的"海上生命线"。

---

① Michael Austin. Security in the Ido-Pacific Commons: Toward a Regional Strategy〔J〕. American Enterprise Institute, December2010:7.

第二章　美印对"一带一路"的具体战略举措

第三，从军事上看，可以强化美国在印太地区的军事存在，主要是军舰自由航行、军事部署、后勤与投放能力。美国著名智库——美国企业研究所曾于2010年末出台题为《印太公共区域安全与地区战略》的研究报告，建议美国在军事领域强化在印太地区的前沿存在和力量投送能力，确保整个印太地区的安全与稳定。

第四，从外交上看，拉住印度①，从而将印度洋与太平洋连成一片。《纽约时报》认为，印度总理莫迪与美国总统特朗普之间尴尬的"熊抱"表明，印度认可了美国的霸权并愿意成为美国霸权战略布局的一部分。②美国布鲁金斯学会外交政策研究员伊尚卡尔（Dhruva Jaishankar）曾发表题为《特朗普时代的美国和印度——重估双边和全球关系》（India and the United States in the Trump Era, Re-evaluating Bilateral and Global Relations）的报告，分析了特朗普上台对美印两国关系的影响和印度目前在地区、全球面临的各方面挑战，并对印度的应对措施提出建议。特朗普在印度和美国出现利益增长和利益融合时当选，就必须重新评估印度国内外政策的几个方面③。

---

① Dipanjan Roy Chaudhury, "Donald Trump's Strategy May Dampen Indo-US Ties: Ashley Tellis," http://economictimes.indiatimes.com/news/international/world-news/donald-trumps-strategy-may-dampen-indo-us-ties-ashleytellis/articleshow/56695406.cms.

② 吕虹编译:《每日镜报：印度需重新考虑对"一带一路"的立场》，《社会科学报》，2017年8月10月，第七版。

③ 晓旭编译：《特朗普时代的美印双边关系分析》，《中国社会科学报》，2017年7月13日，第五版。

五、美国在印太地区针对"一带一路"的布局和操作

美国的布局和操作可分为多边安排和三边、双边安排等层面。其中多边安排又可分为国际机制和地区机制。

（一）多边机制方面

第一，美国承诺让印度加入安理会以及其他多边机构（如"核供应国集团"），甚至不排除使印度成为"七国集团"正式成员。特朗普政府承诺，美国将支持印度早日加入"核供应国集团"、《瓦森纳协定》、"澳大利亚集团"（1985年成立，目的是防止生化武器扩散，现有41个成员），重申支持印度成为联合国安理会常任理事国。2017年6月，美印两国发表联合声明称："美国强烈支持印度早日成为核供应国集团以及澳大利亚集团等多边机构的成员"。美国国务院2017年8月4日已经明确表态支持印度成为安理会常任理事国。因此可以预见，在多边组织中将出现印度紧密配合美国的情况。到目前为止，印度外交总体还是谨慎的，暂时不想被外界看作为美国大战略棋盘上的一颗棋子。比如，2017年的美印日"马拉巴尔"海上联合演习，虽然规模空前，但印度不让澳大利亚参与其中；印度新国防部长拒绝为了支持美国新的阿富汗战略而向阿富汗派兵；前任国防部长拒绝与美国开展南海联合巡航。但是随着美国"糖衣炮弹"的渗透，印度已经越来越倾向于和美国站在一起。

第二，地区安全方面，可能产生印太地区的"四国对话机制"。关于"四国机制"，美国方面的主张是建立"亚洲版北约"。日本的主张是筹划"美日澳印四国同盟"。澳大利亚则提出"印太体系"的概念，与日本所提出的美、日、澳、印四国同盟有着本质的区别。印度由于受到不结盟政策传统的影响，对"四国军事同盟"不感兴趣，但对一般层次的四国对话则较为积极。随着美国、日本的积极拉拢，美、日、澳、印四国的立场会逐渐靠拢和接近，建立某种程度的安全机制是非常可能的，但也可能使用"印太安全论坛""印太合作机制"等概念。目前，在日、印、澳这三个国家中，只有日本比较坚定；澳大利亚虽是美国的传统盟友，但它认识到中国对其未来发展的重要性，在关键政策选择上会慎重行事；而印度正在被积极游说。

第三，经济方面，必然冲击印太地区的多边贸易。美国以"美国第一"为指标将重塑本地区的经贸格局，形成以美国为中心的伞状结构。奥巴马政府时期，"印太"政策是以安全为出发点，印太地区的经济繁荣并不是考虑的重点。但是特朗普政府则强调"互惠"，目的已经非常明确，就是重建美国在印太地区的利益格局。尽管重新谈判不得人心，但是由于美国的强大实力，美国会选择一个国家作为样板进行试水，再逐步推动。

（二）三边关系层面

第一，"抑巴扬印"，弱化巴基斯坦的作用，而强化印度的作用。2017年4月，特朗普政府给予印度"主要防务伙伴"地位。特朗普新战略中最刺痛巴方的莫过于鼓励印度在阿富汗问题上发挥更大作用。许多巴基斯坦分析家指出，美国此前历任政府都意识到巴方对印度涉足阿富汗事务十分敏感，特朗普此次打破常规公开鼓励印度加大对阿富汗投入必将引起巴方的严重关切，这一切都意味着美巴关系将在未来一段时期遭遇严峻挑战。"印度对深化同美国的伙伴关系犹豫不决，美国人经常对此表示质疑。事实上，坚决推进印美关系的印度支持者并非指的是在未来建立联盟，而更愿意将其定义为伙伴关系。这种犹豫不是印度不结盟或者战略自主权的残留，而是反映了后联盟世界的现实"。[1] 特朗普政府南亚战略中还明显增加了印度分量，强调印度既是民主国家和重要经济、安全伙伴，又每年从美国赚取数十亿美元收入，希望其在阿富汗发挥更大作用帮美国解围，共同致力于南亚至广泛的印度洋—太平洋地区安全。巴基斯坦一位分析家认为，这是特朗普政府在试图以印度遏制巴基斯坦，但后果必将事与愿违。[2]

第二，"压中扶印"，通过印度对中国形成"钳状"包围。事实上，美国与印度的军事合作，目的很明确，即旨在加大印度的军事能力。特朗普政府致力于提高美印防务合作水平以制衡中国。特朗普政府同意向印度出售22架"捕食者"无人机，这种武器装备原本只卖给美国的北约盟国。在海上安全合作方面，印度明确支持美国成为"印度洋海军论坛"观察员国，双方同意举行更多联合军演。印度借美国之口对巴基斯坦反恐行动提出批评。美国支持

---

[1] "外刊概要"，《世界知识》，2017年第20期。
[2] 马晓霖：《铲平"帝国坟墓"的新战略，特朗普胜算几何？》，《华夏时报》，2017年8月28日，第六版。

印度将"圣战者党"（Hizb-ul-Mujahideen）领导人列入特定全球恐怖分子（Specially Designated Global Terrorist）名单。两国还建立新的磋商机制，以共同确定将哪些恐怖分子列入名单，同意为反恐扩大情报交换。

（三）双边关系层面

第一，美国将深刻把握印度走向，强化印美关系，将印度放在一个重要的战略位置。由于在"印太"战略中，日本、澳大利亚等国家是美国的盟友，因此它们会在外交上采取配合美国的取向。在这种"三合一"的情况下，印度的态度是关键性的，构成了美国"印太"战略拼图里的"关键一块"。2016年8月29日，美印防长签署《后勤交流备忘录协定》，允许美印两国共享对方的军事基地。协定强调美国和印度的共同点，"印度人和美国人不只是都喜欢民主，我们对未来也有着共同的愿景。正在出现的德里—华盛顿战略伙伴关系是基于维护法治、航行自由、普世价值以及自由贸易的共同承诺。我们国家是全球东西两侧代表人民及世界各国人民更大安全与繁荣的稳定力量。"这些都说明，美国将把印度作为其"印太"战略的一个关键支点。

第二，美国将把印度引入阿富汗。印度对特朗普关注的阿富汗、中东、朝核等问题做出呼应。两国承诺在阿富汗问题上加强合作，同时积极开展中东政策协调。在朝核问题上，莫迪政府也发出明确支持特朗普政府政策的声音。如此一来，未来印度将对亚太大陆的地缘战略格局造成巨大的影响。

第三，美国将极力向澳大利亚施加压力，迫使其接受"四国机制"。"印太"这一概念在澳大利亚的使用和扩散首先源自智库学者，其后被澳大利亚国防部等正式写入政府文件。澳大利亚战略谋划中的"印太"主要是经济层面，这是由于其经济重心从东海岸转向西海岸，西海岸对国家对外政策的影响力开始上升。但澳大利亚对安全合作比较谨慎。可以预见，特朗普将加大对澳大利亚的压力。

第四，日本将更加积极和印度、澳大利亚沟通，以配合完成"印太"政策向"印太"战略的转变。正如日本学者所言，"安倍之所以强烈要求与美国、澳大利亚及印度加强合作进而将亚太与印度洋联系起来，其根本目的在于用此来牵制中国在亚洲地区的影响"[1]。

六、美国构建的"亚太"战略造成的冲击和影响

美国的"印太"战略构想与本地区的地缘经济和地缘政治现实之间存在严重错位。建设"自由、开放、和平、稳定、公正、互惠"的印太地区，自2013年开始得到美国、日本、澳大利亚、印度四国的学界、政界人士的极力鼓吹和论证，直至发展到今天成为一种相对成熟并被特朗普政府采用的外交政策，将对中国产生新的地缘经济、地缘政治和地缘战略影响。如加大对中国贸易政策的压力，弱化中国在亚洲—太平洋地区的影响力，密切关注中国的

---

[1] 神谷万丈. 日本と'インド太平洋'—期待と問題点—〔R〕. アジア（特に南シナ海・インド洋）における安全保障秩序,日本国際問題研究所,2013-03：25,27,38.

海洋活动，重组本地区的与美贸易安排，部分国家还将筹谋组建遏制中国海洋活动的双边或多边安全合作机制等。

第一，经济方面。"印太"政策下，中国面临的贸易压力急剧增大，可能成为美国重要的"经济对手"。特朗普政府注重以贸易来测算两国关系的远近，甚至以贸易平衡界定敌我关系，这对中国进出口贸易影响巨大。在APEC会议上美国强调，谁将来不遵守规则，谁就不是美国的亲密伙伴。特朗普访华结束后，美国国内主流舆论普遍持批判态度，认为特朗普向中国让步太多、过度示软，几乎葬送了美国多年来积累的对华博弈优势和亚洲的"领导力"。曾担任美国前副总统拜登的副国安顾问拉特纳（Ely Ratner）说，特朗普访华期间基本上为"三无"：无突破、无意外、无进展。在美国国内媒体、政界的批评声中，特朗普面临的对华政策压力非常大。美国企业研究所的中国问题学者史剑道（Derek Scissors）认为，除非中国改变它的贸易政策，否则过不了多久，特朗普便会批评中国。[①] 清华—卡内基全球政策中心主任Paul Haenle认为，美国人会对特朗普政府未能解决双边经贸结构性问题以及在朝鲜问题上未取得更大进展表示失望。他猜测特朗普政府也许会在某个时候就这两个问题对中国采取强硬立场，并让中国措手不及。果不其然，不久，美国国会的美中贸易与安全审查委员会撰写的"2017年度报告"发布，其中呼吁禁止一切中国国有企业、机构和主权基金收购任何美国的资产。

---

① 史剑道：《中国手握超两万亿美元资产》，《东方早报》，2011年3月3日。

第二,地缘方面。"印太"政策将形成"东、南、西"三边包围中国的"钳状"地缘态势,直接威胁中国的资源运输通道安全。如果说,美国"亚太再平衡"战略影响到的是中国的太平洋海运安全,那么"印太"政策将会影响中国的印度洋、太平洋和中巴陆运安全。

第三,军事方面。美国扶持印度,大规模增强印度的军事实力,将改变南亚地区脆弱的印巴平衡,引发巴基斯坦的恐慌心理,必将对中国的南部安全造成新的问题。

第四,安全方面。"印太"政策将把相对稳定的中国西部安全边境引向不稳定和危险的境地。"莫迪访美、洞朗挑事和特朗普点名让印度帮助解决阿富汗问题,这三者之间的联系,值得仔细玩味"。[1]相对于奥巴马政府的"亚太再平衡","印太"政策扩大了美国军事、安全实力覆盖范围,并和中东连接在一起,形成了一个更大的区域,并将可能再次陷入类似于小布什时期的危险状态。

第五,南海方面。中国的压力仍然没有实质性减轻。"印太"战略的提出,会导致美印势力从阿富汗方向(西北)、印度方向(东南)形成战略优势,加大南海问题解决难度。同时,南海地区还面临着日本的影响。2017年7月29日,日本海上自卫队最高官员在美国呼吁区域国家与美国步伐一致,并确保美国在南中国海的存在。[2]日本的言论表明,日本将和美国一起继续影响南海问题,从而和印度一起配合,加大控制中国南部、东南部通道的力度。

---

[1] 孟庆龙:《从印度的心态看洞朗事件》,《边界与海洋研究》,2017年第5期。
[2] 《日军官暗指中国造岛威胁南海安全 影响日本利益》,《环球时报》,2015年8月3日。

当然，在美国的"印太"政策中，也存在一些问题和矛盾。比如美印之间在碳排放责任方面仍然有罅隙。特朗普政府认为中国、印度等发展中国家需要承担更多的碳减排任务，要求印度在碳减排上承担"共同责任"①。特朗普还要求与印度建立更加公平互惠的贸易关系，甚至对印度增加关税，呼吁印度放松对美国的贸易壁垒，以减少美国对印度的贸易逆差。这些因素都可能影响到美印关系的发展。但是这些内容与美国、印度合作的深入趋势相比，都将居于次要地位。

第二节 印度战略层面的"季风计划"

在中国推出了"一带一路"计划之后，印度方面提出了"季风计划"（Project Mausam）②。"季风计划"中的"Mausam"一词出自阿拉伯语，意为"天气""气候""季节"。中文译成"（印度洋）季风计划"，其实是一种演绎译法，意在指明该计划的核心要义是以文化与历史为纽带，恢复古代印度"香料之路"，促进环印度洋区域合作。③

早在2004年印度国大党执政时期，这一计划就开始酝

---

① 卢愿清、史军：《误读、陷阱与中国应对：美国退出〈巴黎协定〉后的新能源政策研究》，《青海社会科学》，2017年第5期。
② https://www.csis.org/analysis/countering-coercion-maritime-asia. 访问时间：2017年11月27日。
③ 《印拟推"季风"计划抗衡"海上丝路"，强化印越能源军事合作》，网易新闻，2014年9月16日。

酿。当时,负责印度海外侨民、人力资源开发事务的国务部长沙希·塔罗尔曾多次提及"印度洋共同体"理念。后来,拉吉夫·甘地中心的研究人员据此进行课题研究,并最终冠名为"季风计划"。该课题完成之时恰逢印度政府换届,胸怀强国抱负的莫迪政府很快注意到了这一计划,并作为一种外交战略新构想。

一、"季风计划"的主要内容

印度莫迪政府的"季风计划"经历了两个发展阶段。从 2014 年 6 月 20 日印度文化秘书拉文达·辛格(Ravindra Singh)首次提出"季风计划"的概念到 2014 年 9 月,是该计划发展的第一阶段。这一阶段的"季风计划"实际上是一个文化项目。2014 年 9 月,在拉文达·辛格与外交秘书苏贾塔·辛格(Sujatha Singh)举行关于"季风计划"的特别会议后,"季风计划"进入第二发展阶段,逐渐超越文化项目范畴而成为一项被赋予外交、经济功能的国家战略[1]。

第一阶段:作为文化项目的"季风计划"。

2014 年 6 月 20 日,在卡塔尔多哈召开的联合国教科文组织第 38 届世界遗产委员会会议上,印度文化秘书拉文达·辛格首次正式提出"季风计划:海上航路与文化景观"(Project Mausam: Maritime Routes and Cultural Land-

---

[1] 本部分历史回顾及阶段分期特点主要参照陈菲:《"一带一路"与印度"季风计划"的战略对接研究》,《国际展望》,2015 年第 6 期。

scapes)。"季风计划"希望复兴环印度洋古代海上航路和环印度洋地区国家间的文化联系，推动沿岸国家集体申报世界文化遗产等项目，塑造环印度洋国家的文化共识。印度文化部积极推动"季风计划"，不仅是为了共同保护印度洋沿岸的文化遗址，更是为了强化印度在印度洋地区的文化核心地位。

在"季风计划"提出时，莫迪就任印度总理还不足一个月。相关职能部门在政府换届前后提出的概念或计划，可能并未充分体现莫迪政府的战略意图。因此，随着莫迪政府施政纲领日益明确，"季风计划"的内涵和外延也逐渐发生了调整和变化。

第二阶段：作为准战略规划的"季风计划"。

2014年9月16日，《印度时报》指出，印度外交秘书苏贾塔·辛格和文化秘书拉文达·辛格举行特别会议，讨论如何明确阐明"季风计划"并将其具体化。[①] 该计划除了融入印度文化，还包含一些严肃的战略规划。这标志着"季风计划"从单一的文化项目转向具有战略规划特征的复合项目。

2014年11月17日，印度在曾经的香料贸易中心科钦（Kochi）召开主题为"印度洋区域：印度的文化景观和海上贸易航路"的会议。会议主要包括两个方面的内容：一是季风和印度洋地区的现有数据库，二是印度洋海洋文化景观。在会议开幕式上，印度文化秘书拉文达·辛格在致

---

① https://601593.kuaizhan.com/18/64/p426382155608e7. 访问时间：2017年11月21日。

辞中强调，"生产性劳动、天文学、航海学、船舶制造、港口建设、沿岸文化景观、移民和移民社区都将成为'季风计划'的内容"[1]。"季风计划"所涉领域已超出印度文化部可单独计划和实施的范围。

2015年3月9日，印度一些媒体指出，印度政府提出在"季风计划"框架内建立跨文化联系并复兴历史上的海洋文化和经济纽带，同时明确"季风计划"涉及39个印度洋国家[2]。

根据学者的研究，"季风计划"是指以深受印度文化影响的环印度洋地区以及该地区国家间悠久的贸易往来史为依托，以印度为主力，推进环印度洋地区国家间的合作，共同开发海洋资源，促进经贸往来等。[3] "季风计划"蕴含着印度政府的远大战略追求，即在从南亚次大陆到整个环印度洋的广大区域内打造以印度为主导的地区合作新平台。

二、印度"季风计划"的特点

中国提出"21世纪海上丝绸之路"倡议后，印度并没有清晰而明确地支持"一带一路"。半年多后，"季风计划"出炉。

---

[1] http://www.vccoo.com/v/5b5e5b. 访问时间：2017年11月22日。
[2] https://www.britannica.com/science/Indian-monsoon. 访问时间：2017年11月25日。
[3] 陈菲：《"一带一路"与印度"季风计划"的战略对接研究》，《国际展望》，2015年第6期。

第二章 美印对"一带一路"的具体战略举措

(一) 一种地区经济与安全秩序

"季节计划"规划了一个"印度主导的海洋世界",包括东非、阿拉伯半岛,经过南部伊朗到整个南亚,向东则通过马六甲海峡和泰国延伸到整个东南亚地区。这一地区在古代都是印度文明影响的范围。印度明确认为,这样一个"海洋世界",不仅是"贸易",而且是"安全"。[1] 所以印度海军的重点将是重建这样一个以印度为中心的秩序。

(二) 一种对中国的竞争战略

中国邀请印度加入"一带一路",包括其组成部分"跨孟加拉国、中国、印度、缅甸经济走廊",即 BCIM。但是部分印度学者与舆论提出必须对"一带一路",尤其是"21 世纪海上丝绸之路"进行战略反制。有印度学者指出,"季风计划"是印度对"21 世纪海上丝绸之路"的反应,是莫迪政府的最主要外交政策倡议。"印度将利用其历史、文化和地理优势与中国的'21 世纪海上丝绸之路'倡议进行竞争。"[2] 印度专栏作者 Akhilesh Pillalamarri 在《季节计划:印度对中国的"海上丝路计划"的回答》中指出:"印度使用其历史、文化和地理优势与中国的'海上丝路'计划竞争。""在印度洋地区的安全和贸易中,

---

[1] http://news.china.com/finance/11155042/20150228/19329328_1.html. 访问时间:2016 年 12 月 25 日。

[2] 陈菲:《"一带一路"与印度"季风计划"的战略对接研究》,《国际展望》,2015 年第 6 期。

49

印度的地位和作用是独一无二的。印度的位置和权力使其成为印度洋地区秩序的组织者。理解了这一点，就知道目前的莫迪政府为什么发起了'季节'计划。这是莫迪政府外交政策中最为重要的倡议，目的是为了反制中国"。[①]

（三）构建印度主导的多边组织

由印度组织的印度洋地区有关机构及南亚合作联盟（SAARC）中没有中国。而美国组建的亚太同盟体系也不包括中国。但中国参与组建的上海合作组织（SCO）却吸收了印度作为成员国。

当然，也有学者认为，尽管印度心态矛盾，但已在事实上参与了中国"一带一路"倡议。

第三节　美国改善与缅甸的关系

缅甸是东南亚地区的一个重要国家，自1988年缅甸军政府上台以来，美国就对其实施了长达几十年的孤立和制裁，两国关系极度恶化。随着以昂山素季为领导人的缅甸民盟上台执政，美国与缅甸的关系进入了一个新时期。奥巴马政府时期，美国恢复了与缅甸的外交关系，高层先后访问缅甸，欲将缅甸作为其"重返亚太"政策及把控东南亚的重要突破口，施行"以行动对行动"为原则的对缅接

[①] 庞中英：《印度推反制计划"21世纪海上丝路"充满挑战与风险》，《华夏时报》，2015年2月27日。

触政策,两国关系迅速转圜。特朗普政府对缅甸的重视程度有所降低,但基本上延续了奥巴马政府的政策。缅甸优越的地缘位置、丰富的能源资源,使美国愈加重视与缅甸关系。

一、缅甸在美国战略布局中的地位

冷战结束以来,美国的决策者并不重视缅甸的作用,相反,认为其与中国走的太近。美国前国家安全事务助理布热津斯基在《大棋局》中曾指出:"与缅甸的军事合作,使中国能够使用印度洋上缅甸几个近海岛屿上的海军设施,因而在整个东南亚特别是马六甲海峡具有某种更大的战略影响。"[①] 美国地缘政治学家对缅甸的定位是相对的,如布热津斯基就未把缅甸列入地缘政治支轴国家。但随着缅甸政局的转变,且其身处两个重要地缘战略国家(中国、印度)之间,位于东亚、南亚、东南亚交汇之处,对南亚战略平衡、印度洋战略、美国"亚太再平衡"战略都具有新的重要意义。

(一) 增加美国抓手

缅甸提供了美国"重返亚太"的重要路径。美国战略国际研究中心东南亚研究所主任鲍尔表示:"缅甸是美国重返亚太的意外收获,缅甸如何平衡与中美的关系,要根据缅甸自身利益决定,长期以来中国对缅甸的影响要比美

---

① 布热津斯基:《大棋局》,上海人民出版社,2010年版。

国深远。与缅甸改善关系，有利于美国更好地参与亚太事务。"①随着东南亚地缘政治的新变化，即南海问题和缅甸民主化的迅速推进，使美国"重返亚太"战略有了施展的舞台和影响亚洲事务的重要杠杆。

（二）减弱中缅友谊影响

缅甸与美国关系的改善使得缅甸在实施对外战略时不得不考虑美国的利益与感受。美国改善同缅甸的关系，可以使缅甸有多重选择的机会，既能"平衡"中国在缅甸的影响力，也能"平衡"中国在亚太以及印度洋区域的影响力，从而达到美国顺利实施"重返亚太"的战略。

（三）增加中企风险

从地缘上看，美国需要减少"重返亚太"的阻力。以中缅关系为代表，借助"重返亚太"强力推进与缅甸友好关系，使民主化改革和"重返亚太"战略、南海问题一起，让地区地缘政治形势继续发生深刻复杂变化，使西南油气战略通道建设风险攀升。

（四）增加地区复杂性

奥巴马访问缅甸以来，美、日、欧盟等区域外势力明显加快跟进步伐，导致缅甸以及本地区的政治格局多元化。以日本为例。日本积极拉拢缅甸配合美国"重返亚

---

① 《美国学者：美国重返亚太意外收获缅甸》，凤凰卫视，2011年12月1日。http：//news.ifeng.com/world/detail_2011_12/01/11023843_0.shtml?_from_ralated.

太"战略。这也符合安倍政府提出的所谓"价值观联盟"和"自由繁荣之弧"战略。由此加大了该地区的政治和经济发展成本。

二、美国对昂山素季政府对华关系的评估

缅甸国务资政昂山素季于2016年8月17日至21日对中国进行了正式访问。这是缅甸新政府成立以来,缅甸领导人首次访华。对于这次访华行为,美国国内存在几种看法。

(一)"利益决定"论
美国媒体普遍认为缅甸采取的务实态度可以理解,鉴于缅甸仍借助于中国的经济发展,缅甸新政府继续发展与中国友好关系的做法并无不妥,美国政府便长期奉行现实主义的国际政治观。尽管如此,美国的一些学者还是希望美国进一步加大对缅甸新政府的援助,以强化美缅关系。

(二)"坚持接触"和"巩固缅甸民主"论
美国对"美国利益的获得量"并不应该寄托更多的幻想,相反应该继续坚持接触政策。美国国内一些智库认为,美国对缅甸接触的成功将有助于推动缅甸的民主化,从而在东南亚树立一个典范[1]。亦可避免中缅通道威胁到

---

[1] 姚颖:《美国如何关注缅甸和现实中的美缅关系》,《世界知识》,2016年第16期。

美国"重返亚太"的主动权。另有美国学者认为,对于缅甸新政府,美国要在行动上展示"总体外交"的优势,不断帮助昂山素季政府排挤军队势力。①

三、美国加强与缅甸关系的影响

美国的对缅政策有着长期、中期和短期的效应。不同时期的效应差别很大,总结起来就是:虽无近忧,但有远虑。

从短期看,美国的行动是寻找所有能切入缅甸局势的入口,从安全援助、经济援助和文化援助等出发,目的是巩固民盟政府的执政优势,从而保障美国的利益在缅甸持续扩大。但中国是缅甸最大的邻国,是发展经济的重要依托,有着解决民族问题的作用力。因此基于现实主义考虑,缅甸新政府仍将采取中国优先的立场。

从中期看,美国的对缅政策是将美缅关系提升至较高水平。在具体政治方面,美国会着力于缅甸的"民主巩固",从政治、经济和外交上进一步给以昂山素季政权以帮助。2016年7月25日,美国宣布为缅甸额外提供2100万美元的经济援助,以带动缅甸经济增长,提高缅甸经济长期发展的能力。自2010年开始,美国对东南亚地区的整体安全援助资金已经降低了19%,2015年仅有近1.5

---

① 甄海生:《地缘政治视角下的中缅关系研究——以2010年缅甸大选后的中缅关系为例》,河北师范大学硕士研究生学位论文,2014年。

亿美元①。在东南亚十国中，只有老挝、缅甸和越南三个国家在2015年获得的美国安全援助高于2010年的数字。这充分证明缅甸在美国对外战略中的地位缓慢上升的态势。

从长期来看，美国的根本目标是彻底改变缅甸对中国的依赖。奥巴马时期美国"亚太再平衡"战略大大减少了军备，但是对缅甸的安全援助却在大规模增加。到了特朗普政府时期，对缅甸的军事援助并没有在实质上减少，其延续的特征非常明显。

可以说，"亲美"将构成缅甸政局基本走向。在缅甸新政府内部，形成了军队与政府的平衡，如缅军的影响力下降，"亲美"将成为缅甸外交主流。

第四节　美国与越南的军事合作

2016年5月美国总统奥巴马访问了越南，宣布美国将正式解除对越南的武器禁运。该消息一度成为舆论的热点问题。2017年11月，美国总统特朗普访问了越南，也引起了舆论的关注。但实质上，舆论效应掩盖了美国和越南军事领域尤其是就金兰湾合作取得的重大进展。

---

① http://www.factcheck.org/2016/04/u-s-foreign-military-support/. 访问时间：2017年11月18日。

一、美越军事合作的基本历程

自1997年美国太平洋舰队军官首次访问越南以来,美越军事关系发展迅速:美战舰多次访问越南港口,举行联合军演,美国向越南提供军援并培训越南军官及举行高级国防政策对话会等。

(一)美越军事合作的基本内容

1. 访问

1997年美国太平洋舰队军官首次访问越南。2000年3月,美国国防部长威廉·科恩(William Cohen)访问越南,这是越南战争结束后美国防长首次访越,堪称美越军事交流的"破冰之旅"。2011年8月,一艘美国军舰访问越南金兰湾,在越南战争期间,金兰湾曾是美国的空军和海军基地,这是美国军舰在越南战争结束后30年来的首次访问演习。

2. 联合军演

2010年,美国使用其实力最强的核动力航母与越南在南海海域举行首次海军联合演习。此后,越南经常参加美国在东南亚地区与其盟友举行的演习。

3. 提供军事援助和培训

越南战争的教训使得后越战时代的美国对外军事援助

多以军事贷款为主要内容。美国2005年开始军事援助越南并且数额逐年攀升。2009年，美国第一次给越南提供了50万美元的"外国军事援助"(FMF)，2010年和2011年再次对越南进行了军事援助，其中2011年为100万美元。

2011年8月，美国海军军医总监亚当·罗宾逊(Adam Robinson)与越南国防部军事医疗局局长宇国平(Vu Quoc Binh)在河内正式签署《军事医学合作意向书》，这是两国自邦交正常化以来签署的第一份军事合作协议，开启了两国正式军事合作关系的大门。"9·11"事件后，美国加快了同越南的军事合作步伐，双方关系日益紧密。在人员交流和培训上，美国积极吸引越南军人参加军事培训，为增进同越南的安全互信打下了基础。

4. 国防政策对话会

2008年，由美国国务院和越南外交部牵头的年度政治、国防及安全战略对话开启，涉及广泛的军事合作领域。

(二) 美国对金兰湾的兴趣与意图

金兰湾在冷战时期一度由俄罗斯租用。随着俄罗斯逐渐无法支付高额的租金，2002年不得不撤出了金兰湾。在俄罗斯宣布撤出越南金兰湾基地的消息传出后，立即引起各方的注意。首先便是美国。在俄军撤出前夕，美国向越南政府正式提出有偿使用金兰湾港口和机场，美军太平洋舰队司令法戈访越时表达了租借金兰湾军事基地的意愿。由于越战和美国推行霸权的缘故，此时在向美国租用金兰湾问题上越南还是有所顾虑。但是美国对金兰湾的兴趣并未减弱。从2010—2012年三年间，美国军舰多次进入金兰湾维修。2012年6月，时任美国国防部长帕内塔访问越南。在美越防长的记者会上美国表示将与越南加强海上合作以及"恪守维护亚太区域和平、繁荣和安全的承诺"，并强烈暗示美国对金兰湾海军基地的兴趣。美国国防部长还实地考察了越南金兰湾军事基地，成为自越南战争结束以后首位访问金兰湾的美国国防部长。

尽管美国不断表达对金兰湾的关注，截至2015年，双方的合作还是有限的。第一个障碍是，在美国觊觎已久的金兰湾海军基地问题上，越南不会给予美国建立军事基地的承诺，最多仅同意美国军舰到包括金兰湾在内的越南港口补给。第二个障碍是，尽管美国与越南的军事关系近年来逐渐升温，但在售越武器问题上，囿于与越南的政治分歧，美国政府一直没有放开，而越南一方则在积极推动美国解除限制。

二、解除武器禁运促使双方加深合作

以上回顾了美越军事合作的基本历程以及在金兰湾租用上取得的进展。总的来说，双方的合作是有限度的，但2016年5月美国总统奥巴马访问越南后，双方的合作取得了突破性的进展。

2013年7月，奥巴马和越南国家主席张晋创在华盛顿会谈后，决定将两国关系升至"全面合作伙伴关系"——

仅次于"盟友",以推动两国在政治外交、防务安全、人权等领域的合作机制。2014年8月,美国参谋长联席会议主席邓普西访问越南；10月,美国宣布部分解除对越南出售杀伤性武器禁令,以帮助越南加强海上安全。这是继2007年美国政府批准向越南出售非杀伤性武器之后的又一次突破,美越军事防务关系取得突破性进展。5月23日,美国和越南领导人举行联合新闻发布会,宣布全面解除对越南持续了41年的武器禁运,"注销"了越战遗留的最后一个禁令。解除军售限制绝不是简单的象征性的,而是具有重要的战略意义。

第一,解除武器禁运大大提高了越南的武器装备现代化,增强了海空控制能力。越南希望通过此次解除武器禁运,进一步提升越南空军的远程制海及制空能力,以形成覆盖大部分海域的对空对海作战能力。据报道,越南意图购买F-16,有意采购美国的无人机、雷达、监视设备和电子战能力,尤其是P-3C"猎户座"海上巡逻机,从而强化海上情报、监视与侦察(ISR)领域的情报搜集。这些将强化越南在南中国海发挥更大控制权的能力。

第二,变相合作的长期化。需要指出的是,越南购买美国军事装备,将大大有利于双方军事整合。向美国采购装备将使双方更容易整合作战能力。任何武器销售必然要求美国派遣培训、顾问和技术人员,而这将推动美越长期军事关系的发展,等于是合作长期化。

第三,双方的合作隐藏了强化金兰湾军事性质的使用目标。美国在越共十二大结束、刚刚完成领导层换届之际对越南实施全面解禁武器出口,就是在用军售"大礼包"

换取越方更多信任，进而获得金兰湾的使用权。越南对此有所回应，如2012年10月30日越南总理阮晋勇表态，越南计划向外国海军重新开放金兰湾港口设施。需要注意的是，此次武器解禁并不简单是解除武器购买，"运输"也包含在其中，这意味着美国将利用金兰湾运输双方军事合作的武器。

第四，美国盟友的频频来访客观上形成了金兰湾的美国利益介入。奥巴马总统长期秉持的政策是软实力外交，其中一条重要内容就是充分发挥盟友的作用。尽管金兰湾并不常见美国的身影，但是美国和新加坡、日本均有情报共享，因此这些盟友对金兰湾的访问，事实上扩大了美军的情报搜集范围。2016年3月金兰湾国际新港初步建成以来，不断有外国舰船到访，显得格外热闹。3月16日，新加坡军舰成为金兰湾国际新港初步建成后首次到访的外国船只。4月12日，日本两艘驱逐舰到访金兰湾国际新港。5月3日，法国"霹雳"号指挥舰访问金兰湾国际新港。奥巴马访问越南后不到一周，5月29日日本海上自卫队的扫雷母舰"浦贺"号与扫雷艇"高岛"号就停靠在了越南中部军事重镇金兰湾的国际港。这是日本海上自卫队舰船第二次停靠该港，其战略响应和配合非常明显。

三、双方合作的影响

从这些我们可以清楚地看到，美国"重返"金兰湾的目标没有改变，并一直在努力争取。一旦美国在实质上返回金兰湾，将一定程度上影响中国在太平洋与印度洋之间的正常活动。

（一）进一步恶化南海局势

美国希望提升和增强越南的军事能力，使其成为建设性的地区力量，以便在亚洲安全中起到更大的作用，其目的是"平衡"中国在东南亚地区的影响力。美国之所以将越南看成是新的战略依托，主要是认为：越南处于东南亚地缘政治中心，又是该地区经济发展的"火车头"之一，具有成为美国地区战略支点的潜力；发展与越南的关系，有助于强化美国在东南亚的经济和军事存在，牵制区内外力量，掌握战略主动权。因此，美国必然或明或暗地表示支持越南的海上扩张活动。

（二）形成更广泛的军事合作力量

美国方面特别是21世纪初期的频频动作，预示其正在布局南海地区。其中之一便是使越南借口国际贸易和武器运输向美国军舰长期开放。

首先，第一岛链的控制范围将大为增加。第一岛链是源自位于西太平洋、靠近亚洲大陆沿岸的阿留申群岛、千岛群岛、日本群岛、琉球群岛、菲律宾群岛、印度尼西亚群岛等岛屿。在冷战时期，第一岛链不包括越南。冷战结束后，美国在第一岛链的存在大不如前，第一岛链的作用有所减弱。随着美国"重返亚太"，第一岛链的机制将大为加强。随着越南和美国的靠近，第一岛链的范围已经逐步扩展到中国北部湾附近。

其次，定位亚太战略突破口。越南与美国在2011年就签订了军事合作协议,当年美国国防部长帕内塔在新加坡香格里拉军事对话会议上就宣布到2020年将把海军力量的60%转移到亚太地区。这批美国舰船如何补给成为五角大楼需要提前解决的问题,而在越南寻找突破口成为美国的重要选项。

  再次,试图利用金兰湾作为杠杆,将更多地区大国引入南海问题。据中新社莫斯科5月17日电,越南驻俄罗斯大使在莫斯科表示,越南愿同俄方发展国防领域的合作,愿利用金兰湾开展国际合作确保地区稳定。可以看出,一旦大国利用金兰湾开展所谓"国际合作",无论是经济还是军事,都会将南海地区变成大国利益的"相关方"。

第三章
美印应对"一带一路"建设行为的原因

本章主要采用了"外交是内政延伸"的分析原则,将美国和印度采取的政策原因归结为本身的国内政策。美国从冷战结束以来一直对中国采取程度不等的遏制政策,而特朗普时期强调硬实力,使得遏制政策有了新的特点。印度的大国外交发展演变是一个长期的过程,但是莫迪执政初期采取的政策实际上更为激进。

第一节 美国回归"实力换和平"的政策取向

特朗普正式就任美国总统后,在内政外交方面进行有效的磨合。种种迹象表明,美国前总统奥巴马的"亚太再平衡"政策出现了"重新浮现"的态势,正在发展为特朗普的"以实力换和平",而"印度+亚太"的结合更加突出军力,导致其重心正在偏移,即从南海向南亚、中东方向演化。

一、美国"平衡"战略复活

现有的行为轨迹表明，美国新政府将延续前政府的亚洲政策，并将加大军事压力和覆盖范围。特朗普虽不提奥巴马政府的"重返亚太""再平衡战略"等言辞，但不等于他彻底放弃这一战略。特朗普政府的亚太战略，在美国国防部长首访韩国和日本时得以体现，他强调所谓的"亚太安全威胁"，及部署"萨德"和"美日安保"，并涉及了钓鱼岛问题。

（一）美日同盟得以强化

2014年4月24日，时任美国总统奥巴马与日本首相安倍晋三举行首脑会谈。美日最终声明文本对日本做出了妥协，针对规定美国对日防卫义务的《美日安保条约》，声明宣称包括钓鱼岛在内，适用于所有处于日本施政权之下的区域。2017年2月10日，日本首相安倍晋三访问美国，与美国总统特朗普会晤，其是特朗普任后首访美国的亚洲国家。访美期间安倍与特朗普发表了包含有"《美日安保条约》第五条适用于钓鱼岛"的联合声明。这是美国前国务卿希拉里2010年首次公开表示钓鱼岛"属于"《美日安保条约》第五条的"适用范围"以来，两国再一次在联合声明及首脑会晤级别中的确认。这对安倍此次美国之行而言无疑是一项很大的成果，被日本政界人士称为两国发展的"新起点"。2014年4月25日，奥巴马在记者会上表示："《美日安保条约》第五条适用于钓鱼岛防卫。但是，我的上述观点并不是什么新鲜的东西，以前在访问日本时，克里国务卿和哈格尔国防部长都已经讲过。我需要强调的是，在钓鱼岛的问题上，美国政府没有立场。但是反对单方面改变现状的做法。"① 这是奥巴马随后对联合声明的补充。但2017年2月的日美联合声明之后，却没有任何来自白宫决策团队的补充说明。

（二）美国半岛政策并未改变

特朗普就任后，中国在朝鲜半岛问题上的压力没有减轻，"萨德"系统部署难以阻挡，甚至有进一步扩展到日本、台湾地区的趋势。主要体现在三点上：

1. 美国表态力挺韩国部署"萨德"

2017年2月3日，美国国防部长马蒂斯出访韩国、日本。马蒂斯与韩国国防部长韩民求会谈时，重申坚持部署"萨德"系统。2017年2月16日，美日韩三国外长在德国波恩会谈。针对朝鲜12日发射弹道导弹一事，三方一致同意"以最强烈的措辞进行谴责"，拟合作加强施压。美国国务卿蒂勒森表示，包括凭借"核保护伞"的"延伸威慑"在内，美国将"坚决维持"对日韩两国的防卫义务。

2. 朝鲜继续原有政策逻辑

特朗普就任后，朝鲜基于安全自保继续强调其研发核

---

① 信莲：《日美共同声明称钓鱼岛适用日美安保条约》，《中国青年报》，2014年4月26日。

武器的政策。2017年2月12日，朝鲜试射了一枚中程导弹，尽管不是洲际导弹，但仍被美韩方面解读为"示威"和"挑衅"。这是特朗普上台后朝鲜发射的首枚导弹。同时朝鲜半岛问题面临的国际舆论压力也进一步加大。"特金会"虽缓和了半岛紧张气氛，但双方实质性让步十分有限。朝美原有政策逻辑并无根本改变。

美国之所以延续原有的"亚太再平衡"政策，与美国前国务卿蒂勒森（Rex Tillerson）和国防部长马蒂斯（James Mattis）这两位关键性人物有关。尽管特朗普对国安会进行了改组，但从目前来看，马蒂斯占有绝对优势。最重要的是，在外交与国安层面，马蒂斯深受共和、民主两党建制派的信赖与支持。

二、实质、影响与冲击

东北亚地区的参与方较多、矛盾复杂。特朗普的政策核心是"实力促和平"，该政策是"亚太再平衡"的"强硬版"，即采取强有力的手段维持美国在亚太的存在。因为特朗普及其团队认为，奥巴马总统的"亚太再平衡"导致了亚太地区出现更多的不稳定因素。

因此，特朗普不仅不会撤出亚洲，还会让美国的军事存在更为明确。2016年11月7日，彼得·纳瓦罗和亚历山大·葛瑞在《外交政策》杂志发表《特朗普的亚洲政策前景：实力促和平》（Trump's Peace through Strength Vision for the Asia-Pacific）一文，成为表达特朗普亚洲政策最为清晰的信号。

第一，特朗普的一系列动作已经在事实上形成了美日韩联盟。特朗普通过巩固《美日安保条约》、美韩"萨德"系统继续部署与2016年11月日韩签署生效的《军事情报保护协议》，已经初步构筑了"三国军事联盟"雏形。特别是"萨德"系统拥有3000公里的X波"照明"区，一旦在韩国部署后，中国内陆的陕西、四川等都在这一范围内。

第二，特朗普的亚洲政策重心正在从奥巴马任内的南海地区转向朝鲜半岛和南亚、中东，这是由地缘安全威胁上升和特朗普的执政理念所决定的。可以说，近一个时期以来，在中国和东盟国家共同努力下，南海局势正趋于平稳。中国与东盟国家正在加快推进"南海行为准则"磋商。但是西太平洋区域的北部，即东北亚安全形势却变得敏感。

第三，特朗普选择东北亚和南亚作为其亚洲政策的重心，原因在于其竞争对手高度密集于此。出于维护美国霸权利益的考虑，崇尚"美国优先"的特朗普会采取在其他地方战略收缩，但在东北亚增强军事存在的举措。俄罗斯已经感受到这种变化，如2017年2月14日，俄罗斯政府对千岛群岛中的五座无名岛屿进行命名，而日本对俄表示了抗议。

第四，日美将钓鱼岛纳入协防的范畴，严重影响了中国对钓鱼岛及其附属岛屿的主权和话语权。特朗普将美日联盟作为"亚太和平的基石"，两国元首发表的声明重申《美日安保条约》涵盖中国钓鱼岛。联合声明中称，美国通过包括核武力量和以常规军事力量在内的全部军事实力保护日本的承诺并没有动摇，这将促使两国关系更加紧密。

因此，特朗普的亚洲政策颇为接近里根总统时期的"力量促和平"的政策，即强调压倒性的军事力量，但是有节制的使用，并且高度重视地缘政治力量。在与安倍晋三的对谈中透露了特朗普关注的三个焦点：地区安全、朝鲜核问题和领土纠纷。其核心理念是非常清晰的，那就是反对任何基于意识形态的全球战略，追求的是以经济和军事力量为基础。面对美国外交政策向现实主义的强势回归，我们要冷静观察，认真思考，加快经济转型升级，争取更多的朋友。

第二节 印度追求区域主导与大国地位

今日的南亚已逐步成为竞争与合作并存的和平区域。但印度的地区强国地位并没有根本性的变化。更重要的是，随着印度作为"金砖国家"的经济的快速发展，综合国力越来越强。中国和印度均为亚洲的主要大国，虽然两国之间存在着一些问题，然而与此同时，两国也有很多共同利益和相似主张，并进行了很多卓有成效的合作，印度已成为中国在全球事务中必不可少的伙伴。

一、在地区层面防范中国参与南亚事务

不管中国和印度双边之间是否存在问题,以及程度如何,作为同时崛起的两个亚洲邻国,地缘竞争无法避免。亨廷顿曾经指出:"两个亚洲巨人之间的力量竞争,以及自认为是当然的大国、文明和文化的中心,会继续促使它们支持不同的国家和事业。印度将努力崛起,不仅是作为多极世界中的一个独立的权力中心,而且是作为与中国权力与影响的抗衡国家"[1]。

第一,印度对中国与其南亚邻国的友好合作关系保持排斥和戒备心态。如中国在巴基斯坦瓜达尔港、孟加拉国吉大港、缅甸实兑港和斯里兰卡汉班托塔港的商业合作就被印度一些战略家和媒体解读为"珍珠链"战略,意在"包围"印度。印度还对中国在印度洋的军事存在和军事活动保持高度警惕,近年更是大幅增加军费开支,提升军事实力。

由于拥有超群的综合实力,印度在对南亚地区的外交中很自然地就表现出典型的大国特征。印度把自己定位为南亚秩序的维护者和提供者。在尼赫鲁看来,"小的民族国家注定要灭亡的,它可以作为文化上的自治区苟延残喘,但不能成为独立的政治单位"[2]。尼赫鲁的"大印度联邦""印度中心论"和"小国灭亡论"继承的是英国殖民

---

[1] [美]塞缪尔·亨廷顿著,周琪等译:《文明的冲突与世界秩序的重建》,新华出版社,1998年版,第273页。

[2] [印]尼赫鲁:《印度的发现》,世界知识出版社,1956年版,第712页。

政府的政治战略思想，印度独立后又成为其立国思想，也是他推行民族主义区域强权政策的思想基础。这种对殖民者政策的继承也许用尼赫鲁自己的话最能够解释："就我的好恶来说，与其说我是一个印度人，不如说我更像一个英国人"[1]。这成为尼赫鲁及印度对南亚周边国家的外交思想基础。1983年印度的"门罗主义"——英迪拉主义（Indira Doctrine）正式出笼，"印度不会干涉这一地区任何国家的内部事务，除非被要求这么做，也不容忍外来大国有这种干涉行为；如果需要外部援助来应付内部危机，应首先从本地区内寻求援助。"[2]

印度反击任何区内或区外因素导致的地区不稳定。邻国的稳定与安全与印度休戚相关，每一个南亚国家在民族上都与印度的一些民族有密切的关系，这种国家的不稳定将直接影响到印度的稳定。

第二，东南亚地理上位于中印之间，历史上长期受到中印两种文化的影响，这里有大量来自中国和印度的侨民。中国和印度都把东南亚作为周边外交的重中之重，东南亚国家也乐于让中印等大国围绕自己开展竞争。在中国与东盟建立"10+1"机制，建立自由贸易区后，印度也与东盟建立了"10+1"机制并签署了自由贸易协定。印度还与日本一道推动"恒河—湄公河"开发合作。印度还积极介入南中国海，与越南在中越争议海域签订石油开发合同，以维护"航海自由"为由与越南开展联合军事学

---

[1] ［印］尼赫鲁：《自传》，世界知识出版社，1956年版，第342页。
[2] 李忠林：《印度的门罗主义评析》，《亚非纵横》，2013年第4期。

习等。

第三，在中亚可能由合作走向竞争。中亚国家资源，特别是石油天然气资源丰富。中亚的石油和天然气可以向东输送到中国，也可以通过阿富汗和巴基斯坦向南输送到印度。中亚将是中国和印度未来重要的油气供应地。但这也是一个动荡的地区，恐怖主义、分裂主义和极端主义威胁着中亚及周边地区的稳定和经济发展。印度成为仅次于美国和日本的阿富汗第三大援助者并在塔吉克斯坦建立了其第一个国外军事基地。此外，印度在中亚的军事存在还有牵制巴基斯坦的意图。

第四，印度的崛起在亚洲形成中日印三强局面。进入近代，日本成为亚洲强国，印度遭受英国殖民统治，中国则陷入半殖民地。二战后，日本迅速复苏并保持了三十多年的高速增长，成为亚洲综合国力最强的国家。中国经过三十多年的改革开放迅速发展。印度经济改革后国力也持续提升。从地缘政治来看，印度与日本相距遥远，分别处在中国的东西两边。而美国也支持印日两国加强关系，由美国倡导的旨在防范中国的"美日印"三边对话已经启动。

第五，在非洲为能源、原材料提升竞争力。印度在英国殖民时代就与非洲建立了密切的关系，独立后的印度高举反殖民主义、反帝国主义的大旗，支持非洲国家的独立运动。非洲是能源与原材料的主要来源地，印度崛起将进一步增加对原材料的需求，会使国际原材料来源和市场竞争加剧。

二、美国"亚太"战略对印度产生的影响

美国的"重返亚太"战略试图建立"亚太再平衡"的局势,进而扶持印度。而很多印度人认为"一带一路"计划是基于"直接应对"美国挑战而产生的,便是受到"美国重返亚太"效应的影响。印度著名中国问题专家尼赫鲁大学的谢刚教授认为,中国积极地向印度洋沿岸国家发出共建"21世纪海上丝绸之路"的建议,这是反对美国"亚太再平衡"战略的一部分;印度认为"一带一路"是中国为实现中国崛起的"复兴梦"而采取的战略性举措,是中国崛起的必然步骤或重要组成部分。[1] 印度和平与冲突研究所的特舒·辛格认为"一带一路"是"中华民族复兴"的构成部分。印度著名战略分析家拉贾·莫汉认为,中国正在试图提出一个更为宏大的战略框架,以使中国的海军崛起显得更不具有威胁性[2]。

三、通道的安全问题

随着中印关系的日益升温,尤其是在中国"一带一路"倡议新形势下,开放的通商口岸越来越多。尤其是乃堆拉山口的开放,极大地推动了边境贸易向前发展。乃堆

---

[1] 林民旺:《印度对中国"一带一路"战略意图的判定》,和讯网,2015年6月16日,访问日期:2016年12月20日。
[2] 林民旺:《印度对中国"一带一路"战略意图的判定》,和讯网,2015年6月16日,访问日期:2016年12月20日。

拉山口作为西藏进入印度和南亚最为便捷的通道,开放之后面临着不可忽视的安全问题,特别是非传统安全问题。除了商人、游客,野生动物贩运者、毒品贩子、黑市交易、拐卖人口以及非法移民分子等也都看到了这一对其作案十分有利的地区。印度政府加强了防范,已采取多种措施来检查偷猎货物,除此之外,那些在乃堆拉山口附近的准军事部队也在接受特殊训练,以便能够在大量商品中甄别出偷猎品。从阿萨姆走廊到达孟加拉国的180公里长的走廊是印度铁路和印度军事的生命线。印度军方认为,中国在西藏境内的任何道路建设、铁路和飞机在未来都将会直接加强中国军队在西藏的军事集结能力,从而对印军造成威胁。[①] 由此可见,乃堆拉山口的开放为两国带来了一些安全上的问题。

尽管印度进入21世纪以来频繁在中国周边采取各种动作,以彰显存在感,为印度的大国战略服务,但是整体上看,印度的战略决策者们仍然希望和平。长远来看,中国与印度仍有众多合作的空间。

第三节 美印合作的体系文化原因
——以民用核能合作为例

2005年7月,美印发表了民用核能合作联合声明,引

[①] 唐璐:《中印边界敏感区通关在即》,《国际先驱导报》,2005年9月16—22日,第3版。

发国际社会热议。此后，两国的民用核合作却长期处于停滞状态，仅保留对话与磋商但却无实质性进展。对此现象，不同的学者有不同的解释。吴彤、张利华认为，美国与印度签署核协议的主导动因是"美国的南亚制衡战略"[1]。照此逻辑，美国对南亚制衡战略的认知和行为强度决定了民用核合作的强度。但2005—2011年，美国的南亚制衡战略有加强趋势，特别是"主导权"及"战略制约"意愿显著增强，但美印之间的核合作并没有取得进展，相反美印关系在这几年间有"倒退的趋势"[2]。纳伦德拉·莫迪的境遇也在这个"倒退"之中：在当选总理之前，由于宗教政治原因，莫迪曾两次被美国宣布为不受欢迎的人，被拒发签证，该禁令一直持续到2014年5月莫迪就任印度新任联邦总理之时。但莫迪就任总理之后，美印关系有了进一步改善的迹象，其代表性进展就是2014年美国进一步推动与印度的民用核合作。那么为何同是莫迪，美国却采取了两种不同态度？下面笔者试在现实主义之外，采用建构主义的解释模式来理解美国推动与印度莫迪政府民用核合作的动因。

一、建构主义体系文化的解释力

建构主义强调国际体系对结构单元的作用，认为关系的结构主要是由共有观念而不是物质力量决定。从这个角

---

[1] 吴彤、张利华：《印美核协议动因》，《国际政治科学》，2009年第4期。
[2] 沈强：《美国全球战略调整：战略重心更多向亚太倾斜》，《国际展望》，2011年第6期。

度而言，美国改善与印度的关系，一个重要原因（不是唯一原因）是某种体系文化变化所致。

要清楚地了解这个问题，需要从体系文化的划分讨论起。按照温特的划分，国际体系文化包括霍布斯、洛克和康德三种。这种划分方法更多是从历史发展的角度，尽管可以共存，但根本上是发展关系。然而，国际体系文化虽是一个连续体，但并不是一个绝对的历史统一体，在同一个历史时段内，存在着多个竞争的体系文化。例如冷战时期，美国和苏联各自代表着一种体系文化，而印度代表的不结盟运动等代表着介乎两者之间的文化。冷战结束以后，福山的《历史的终结》看到了体系文化进入一元发展方向的趋势。然而，进入21世纪后，随着新兴市场经济国家的崛起，上合组织、亚投行等机制的发展及创设代表着不同体系文化正酝酿形成。从体系文化的基础来看，经济全球化的发展在推进区域一体化发展的同时加大了国际社会的差距和分裂（弱整体化和强区域化）；从体系文化的对象行为体来看，在"人道主义干预"和"保护责任"等理论支持下，西方大国在国际关系中频繁使用武力干预，形成多个区域化发展在结构上的不均衡状态以及国际社会在价值观上进一步分裂。这一时期的体系文化不是按照温特的方法来划分的，而是按照价值观形成的共同知识划分的。当然这并不意味着体系文化间没有共同知识，而是因为共同知识内部的离心力超过了合力。

假定上述说法是成立的，那么欧美所主导的主体系文化何以与印度相互建构，最终形成美国政府推动与莫迪政府实现民用核能合作进展的呢？这个还需要从建构主义的体系与单元相互作用说起。

二、欧美主导的体系文化与印度的互动建构过程

在互动建构中，欧美主导的体系文化作为结构与美国、印度作为施动者互相建构。欧美的体系文化中，注重对规则遵守状况和行为体行动性质的断定。在美国与欧美体系文化这个结构体中，美国与体系文化是相互依存的，同时受欧美体系文化界定，欧美的体系文化只有通过美国及其活动的对象（印度）才会存在。20世纪60年代起，美国废除"多边核力量"等选择性扩散计划，实施更为严厉的核不扩散政策。在欧美体系文化对核问题的认知中，形成了阻止美国盟友进行核试验、劝导各国遵从《不扩散核武器条约》以及强迫亲密盟友保持无核武器状态的"劝阻、威胁和制裁"[1]效果，并形成了自觉的文化遵守，成功阻止了那些依赖美国的国家谋求核武器。西方未能阻止印度1974年进行核试验，但欧美体系文化中对核扩散的认知并未根本改变，相反美国与西欧国家一起加强核不扩散政策，推动了制定或执行自动制裁政策。

第一，印度参与体系文化的选择与嬗变。印度在20世纪70年代并没有与欧美体系文化建立起认同，相反印度更接近该体系文化的对立面，即冷战时期的苏东阵营。因而此时的印度强调自己"发展中国家身份"及"社会主

---

[1] 徐亮：《美国推动与印度莫迪政府民用核合作的动因——以身份建构、体系文化为视角》，《学理论》，2015年第33期。

义"的非欧美体系身份；印度并不愿接受西方规则，但接纳欧美的体系文化。冷战后，苏联东欧建构的国际政治秩序结束。印度从20世纪90年代起，转而强调"民主国家""市场经济""大国地位"等符合欧美体系规则的文化符号，以融入西方和被西方所接受。由于印度的文化符号更加与欧美体系文化相互融合、建构，此时欧美体系文化已经对制裁印度失去了兴趣。1998年5月，印度进行了五次核试验。印度极力将核试验的目的解释为"不是针对巴基斯坦的而是针对拥有核武器的中国的"[①]，其中一个重要考量就是降低欧美体系文化对印度的反感、排斥。尽管克林顿政府停止了对印度除人道主义外的援助，但西方其他国家反应整体平淡。在英国举行的八国最高级别领导会议上，甚至未宣布集体制裁印度的决议。这些反应造成了巴基斯坦随后进行了核试验。1998年印度核试验后，尽管印美关系经受了冲击，但双方的军事合作始终保持。1998年、1999年选举获胜的瓦杰帕伊政府开展的三大外交行动中，公开进行核试验和大幅提升印美关系是同时进行的。

第二，强调体系身份，建构了美印关系的逻辑。身份决定利益，利益决定行为。苏联解体后，印度与苏东集团、发展中国家的身份共识被打破，印度开始通过国内的执政党更迭重新审视自我与他者的原观念，进而审视和再次选择新的观念互动结构。20世纪90年代以后，印度对外自称"世界最大的民主国家"，并获得了西方认同。印

---

① 朱翠萍：《莫迪如何开启"印度新世纪"》，《中国社会科学报》，2014年6月11日，第B02版。

度在美国的政治话语中以"民主国家"和"伙伴"出现，美国称赞印度有潜力成为"21世纪最伟大的民主国家之一"，将"尽一切可能与印度建立起强有力的双边关系"①。在这种情况下，美国对印度基本上持合作态度。

第三，共同的"他者"建构指导沟通的行为。在欧美体系文化中，相同的"他者"可以强化共同知识，巩固身份，促进利益的形成。1998年印度核试验时，克林顿政府奉行和解政策，因此印度所谓的战略定位并没有获得西方高度一致的认同。布什于2001年担任美国总统之后，将中国列为"威胁"之一，美国与印度在"他者"问题上获得了高度认同。美国采取选择性不扩散政策，是基于对印度身份的认同和印度的"敌人"意象的某种认可。因此美国不会因核问题而致使双边关系全面倒退，反而会以此换取印度的战略让步。

三、美国推动与莫迪的核能合作的原因评估

笔者并不否认美国推动与莫迪的核能合作中，起重大作用的是现实主义考量，但是不可否认欧美体系文化对政策的推动作用。

（一）美国由身份判断印度核能开发具有安全性
美国认为印度行为规范，是一个"民主的核国家"。

---

① Nick Miller. U. S. nonproliferation policy is an invisible success story. The Washington Post. October 16, 2014.

小布什称印度是一个拥有先进核技术的"负责任"国家。民用核能合作联合声明在此时达成。

奥巴马时期，对印度的身份认定进一步有向"友谊"提升趋势，如将民用核能协议的落实定位为"可获得突破"。奥巴马两次访问印度，将印度定义为"可以信赖的全球性大国，美国与印度的关系将重新塑造21世纪亚洲乃至全球的国际关系"。美国还竭力打造其在亚太地区的"民主联盟"。因此，美国选择和莫迪政府进一步推动核能合作，一方面是印度的身份使美国感到安全，另外一方面美国将核能合作作为提升印度在美国世界战略中的地位来考虑，是一种基于身份的"利益赠与"。这一点也体现在美国支持印度"入常"问题上。

美国对印度的第三种身份认定是"新兴"的崛起大国，因此对于莫迪"力图在未来20年将核电装机量提高14倍"的清洁能源战略是支持的。由于身份决定了利益，因此在印度核能4560兆瓦的商业机遇下，美国为获得技术以及核燃料商机势必要扫清障碍。

（二）体系文化决定了美国需落实民用核协议

印度强调其核武器是印度自己独有的，并且没有向其他国家扩散，并且美国认为印度拥核会使得南亚和整个亚太区战略平衡倾向于美国。莫塞的"最小化集团"理论表明，当在集团内成员与集团外成员之间分配时，分配者一般会偏向优惠集团内成员。莫迪政府作为一届强势、民意基础牢固的政府，在满足美国利益方面给了美国更大的想象与操作空间。美国及其盟友所在的体系文化，也不失时机地拉拢印度：2014—2015年，莫迪访问日本、法国、加拿大，议题中的核能合作以及浓缩铀贸易始终是重中之重，并实现了一定的突破。

尽管美国愿以颠覆核不扩散体系为代价来换取印度支持，但美国指望通过民用核协议拉拢印度加入其同盟却未必能成功。奥巴马对印度的核政策将限定在禁止威胁美全球利益的角度，而当印度追求超级大国地位时，美印关系就呈现非和谐状态。美国将对印度的核能开发，限制在美印中三边结构层次。而对于印度来说，与中国竞争也限于双边层次，而在全球地位的追求上，中印拥有共同话语空间与利益。奥巴马访问印度时，莫迪表达出印度"不会倾向于联合第三股力量制衡中国"的信号，充分证实了这一点[1]；特朗普上台后，显然是延续这一政策的。

---

[1] 辛文：《印度核试验及世界对印度核试验的反应》，《国外核新闻》，1998年第5期。

第四章
美印的共同战略合作

本章旨在考察美国、印度两个国家采取合作态度共同应对"一带一路"倡议的基本表现。主要采用历史回顾的分析方法，梳理美印军事与安全合作逐步加深的过程。

第一节 美印合作关系的历程

2017年10月18日，在美国与印度建交70周年之际，美国国务卿蒂勒森在华盛顿智库国际战略与研究中心发表了题为《界定我们与印度下一个世纪的关系》的演讲，提出了美国将实施"印度—太平洋地区继续保持自由与开放"（the Indo-Pacific, a region so central to our shared history, continued to be free and open）的亚洲政策。在这之前，8月21日美国总统特朗普在发表关于阿富汗及南亚局势的讲话中强调，为使阿富汗局势正常化，美国将发展与印度的战略伙伴关系。新"南亚战略"出台伊始，许多分析认为这一新的美印合作政策宣示很可能是"美国一厢情愿"。其原因：一是印度不可能忽视与中国的经济利益而全面配合美国的"亚太"战略；二是印度如赞同美新"南亚战略"，将违背印度长期执行的"不结盟"政策；三是印度目前面临着严峻的国内政治问题，包括时隐时现的"大吉岭乱局"以及经济改革困境，将不得不寻求与中国的合作；四是特朗普政府提出的发展美印战略伙伴关系的口号，并非超出奥巴马政府时期的对印政策框架，只不过是一种再次强调和姿态的高调[①]。然而，在特朗普政府作为奥巴马对外政策"反派"，重新审查美古关系、退出联合国教科文组织、不承认伊朗核协议这样一个大背景下，这一"继续保持"战略是很不寻常的举动。"印度—太平洋地区继续保持自由与开放"很大程度上代表了特朗普上台以来美国"亚太"战略将要延续奥巴马政府"亚太再平衡"的本质。这一战略很可能会给未来东亚、南亚安全格局的稳定带来新的不确定、不安全因素。

美国分析机构大西洋理事会在名为 Transforming India from a Balancing to Leading Power 的报告中称，美国必须加强与印度的互动来实现遏制中国的战略；印度也需要美国来遏制中国。美国需在三个领域发展与印度的合作：舰载航空兵、太空侦察、无人机。美国在这些领域能够帮助印度提高在印度洋、空中以及太空的能力。但是，报告中表

---

① 2016年8月27日，日本首相安倍晋三在非洲开发会议上提出了所谓的"自由开放的印度洋—太平洋战略"。2016年12月27日，日本首相安倍晋三与时任美国总统奥巴马在夏威夷火奴鲁鲁的美军太平洋司令部举行会谈。两国首脑还确认为了"让印度洋和太平洋成为自由开放的海域"，将谋求与印度和澳大利亚加强合作。

示特朗普必须说服印度领导层,因为印度是新政府主要的外交伙伴[①]。

一、冷战时期的美印关系

冷战时期,美国的战略重点在欧洲和中东,对南亚并不重视。美国的南亚政策不过是其全球战略的一个组成部分。20世纪50年代,美国在南亚的主要目标是遏制苏联和共产主义势力的扩张,在东南亚和中东建立了两个军事同盟组织,即"东南亚条约组织"和"巴格达条约组织"。巴基斯坦为抗衡印度加入了这两个军事联盟,印度则奉行"不结盟"政策。1971年,印度与苏联建立了战略合作关系,从而在南亚形成了美苏争霸、印巴对立的"四方两极"外交格局。因此,冷战时期的美印关系起伏不定,疏远冷淡。

肯尼迪任总统期间,曾主张对印度进行经济援助,以扩大美国的影响。1962年,中印边界争端时,美国向印度提供大量的军事援助,美印关系有所改善。1964年,美印之间达成美国在5年内每年向印度提供1.1亿美元军事援助的协议。但1965年印巴第二次战争爆发,美国对两国实施制裁,中断了对印度的军援。约翰逊总统执政期间,美印关系更趋冷淡。卡特总统1978年访问印度,但其南亚政策的重点是防止核扩散,美印关系起色不大。

---

① https://www.scribd.com/document/352007124/Transforming-India-from-a-Balancing-to-Leading-Power. 访问时间:2017年11月1日。

20世纪80年代，美国的南亚政策有了较大变化。由于苏联入侵阿富汗，巴基斯坦的战略地位上升。里根政府决定加强巴基斯坦的国防力量，把其作为遏制苏联势力南下印度洋的桥头堡和"前线国家"，向巴基斯坦提供大量的军事和经济援助。1981—1987年，里根政府在6年内向巴提供了32亿美元的军事和经济援助。

里根政府的南亚政策有三个目标：一是遏制苏联势力在南亚的扩张；二是减轻印度在战略上对苏联的依赖；三是防止核扩散。为了使印度脱离对苏联的依赖，里根政府曾想改善美印关系。印度领导人为了获取西方的先进技术，也想与美国发展关系。在此期间，美国向印度出售了超级计算机及轻型战斗机的发动机。虽然美印双方都愿改善关系，但由于美国对巴基斯坦的援助及在美锡克分离主义运动和恐怖分子，美印关系并未得到实质性的改善。

二、冷战后的美印关系

20世纪90年代，随着苏联的解体和冷战的结束，国际形势和国际关系发生了巨大的变化，客观上为美印关系的改善创造了机会和条件。美国急于填补苏联解体在南亚留下的真空，相应地调整了南亚政策及美国与南亚国家的关系。苏联解体后，独联体国家纷纷寻求美国的援助以支撑新生的经济，无暇他顾。印度也开始调整对外政策。为了扩大影响、提高自身的国际地位，印度希望与美国发展关系。但克林顿政府意在把印度和巴基斯坦都纳入其全球防扩散体系，这便影响了当时美印关系的改善和发展。

美国要求印度和巴基斯坦停止发展核计划，不部署和实验导弹。美国副国务卿塔尔博特在访问印巴时，先后提出解决南亚核问题的"五国磋商"和"九国磋商"建议，压印巴放弃核计划，但遭到印度明确拒绝。1993年印度从俄罗斯购买低温制冷火箭技术，导致美对印制裁，美印关系低落。此后，克林顿政府意识到其政策对美印关系的伤害，于是开始调整政策。1994年3—4月，美国副国务卿塔尔博特访问印度。美国的南亚政策开始从压印巴放弃核选择，转为敦促印巴保持核克制，签署《全面禁止核试验条约》，加入日内瓦裁军谈判和《禁止生产核裂变材料公约》谈判，并把防扩散和推进防扩散设为目标。1994年，印度总理拉奥访问美国，提出与美国建立战略伙伴关系。

1995年，美国助理国务卿拉斐尔在美国国会参院外委会作证时说："扩大与南亚国家的关系，加强与他们的接触，目前已经成为现实。经济机遇和冷战的结束提升了这一地区的地位。"美商务部长布朗、国防部长佩里和财长鲁宾在1995年相继访问印度。布朗访问印度时，大批企业家随行，美印签订了逾70亿美元的合同，涉及石油、化工、基础设施、电力、通讯、环保、医疗卫生、保险及金融服务业。双方还签订了建立"美印商业联盟"的协定。美国商务部把印度作为世界十大新兴市场之一。印度以市场为导向的经济改革扩大了美国和印度的经贸往来。

美国国防部长佩里访问印度时，双方正式签署了《防务合作协定》，确定两国军方定期举行安全磋商，举行联合军事演习，扩大在国防研究领域方面的合作。佩里访问印度时说："美国愿意与印度及其他南亚国家发展更牢固的安全关系……美印在维护印度洋的稳定和和平方面有共同利益，在维护海湾地区稳定方面也有共同利益。"①

1997年，时值印度和巴基斯坦庆祝独立50周年之际，克林顿总统指示美国国务院，要全面拓宽和深化、加强与印巴两国的关系。1995—1998年，印美关系呈现出两极发展趋势。一方面是经贸关系的发展和扩大，另一方面在防扩散问题上一直各唱各调。印度我行我素，在核问题上与美国虚与周旋，使美国头痛无奈。虽然由于经贸关系的扩大和经济利益的驱动，美印关系有所改善，但核问题一直是两国发展关系的障碍。

三、印巴核试验后的美印关系

1998年5月，印度和巴基斯坦相继进行核试验，美国对印巴实施制裁，美印关系陷入低谷。此后，美国副国务卿塔尔博特与印度外长贾斯万特·辛格就核问题进行了数轮磋商。美国在核问题上对印度妥协退让，在印度未做出任何承诺的情况下，克林顿总统于2000年3月访问印度，与印度签署了《印美关系：21世纪展望》的框架性文件，双方同意建立一种"持久的、政治上有建设性、经济上有成果的"新型伙伴关系。2000年9月美国宣布部分解除对

---

① 孙士海、葛维钧主编：《列国志·印度》（第二版），社会科学文献出版社，2010年版，第510页。

印度的制裁，此后两国关系明显改善。

布什总统上台后，表示希望"加强两国关系"。印美关系以印度外长辛格访美和印度公开支持美国的"国家导弹防御计划"为契机而骤然升温。2001年5月初，布什总统在美国国防大学就导弹防御计划发表演讲后，一向对美国国家导弹防御系统持反对态度的印度一反常态，立刻表示支持。2001年5月美国派副国务卿阿米蒂奇访印，磋商如何与印度建立"全新的、创造性的"安全体制。

布什总统的安全顾问赖斯多次表示共和党新政府将从"战略高度"重视印度，充分利用"战略新机遇"扩大和发展美印关系。美国基本上承认了印度的核大国地位，并明确表示"有条件支持"印度成为联合国安理会常任理事国。

"9·11"事件后，美国准备对阿富汗实施军事打击，印度认定这是与美国改善关系、削弱巴基斯坦的良机，瓦杰帕伊总理表示无条件地支持美国，允许美使用其军事基地设施。作为印与美合作的回报，美国取消了对印核试后实施的经济制裁。

随着政治关系的改善，两国的军事关系大幅提升，安全领域上的合作加强。2000年8月，美印恢复正常的军事对话。双方签署了《防务合作协定》，定期举行联合军事演习，并加强了安全和防扩散问题的磋商。美国对印度核计划的态度明显软化。不再施压印度签署《全面禁止核试验条约》。美国参谋长联席会议主席亨利·谢尔顿2001年7月访问印度时，双方就恢复和加强美印军事关系进行了一系列磋商，包括联合军事演习、人员交流和共同开发武器等。这是自印度1998年进行核试验后美国军方对印度进行的级别最高的访问。

2001年11月初，美国国防部长拉姆斯菲尔德访印时宣布，美国将恢复对印度提供武器和高新技术。2001年12月，印美在新德里恢复了中断三年的"防务政策小组"磋商，美国太平洋司令部司令丹尼斯·布莱尔在华盛顿称，美国准备把美印军事关系提升到"空前"的高度。

2002年2月25日，布什总统通知国会，美国国防部决定向印度出售价值1.46亿美元的军用雷达定位系统。印度多年来梦寐以求的愿望终于实现。据媒体报道，此次美国卖给印度的AN/TPQ-37"寻火者"武器定位雷达系统是世界上首套可以迅速确定敌方远程迫击炮、火炮、火箭发射器和导弹位置的雷达系统，其定位范围超过上述武器的最大射程。有了这一雷达系统，印度的大炮等于装上了"千里眼"。继雷达系统之后，美国还将与印度磋商其他军售项目，如P-130型"猎户座"海军侦察机、C-130型"大力神"军用运输机及地面传感器等。

2002年4月，印度决定与美国共同防卫马六甲海峡航道的安全，以防止海盗侵害过往船只。美国驻印度大使布莱克威尔表示，这是美印国防合作蓝图的一部分。印度表示愿意负责孟加拉湾海域的安全，目前，印度已经在安达曼海和尼科巴群岛成立一个三军司令部，并准备更新当地的军事装备。

20世纪90年代以来，印美经贸关系发展迅速，双边贸易额直线上升，1980—1981年度为28亿美元，1992年为57亿美元，1993年为66亿美元，1994年达到70亿美元。美国成为印度最大的贸易伙伴和投资者。两国经济部门建立了部长级对话机制和高层协调小组，推动双边贸易和深层次的经贸合作发展。2000年3月克林顿总统访印时，两国签订了总额达44.33亿美元的贸易、投资和信贷协定。9月，印度总理瓦杰帕伊回访美国，与美签署了总额达70亿美元的经济合作协定，其中包括在印度合作建设三个大型电力项目。美印还建立了双边"科技论坛"和能源、环保联合磋商小组，深化在科技、环保方面的合作。

2005年7月印度总理曼莫汉·辛格对美国进行了为期三天的国事访问。在此次被印度舆论称为"意义重大"的出访中，印美宣布建立全球伙伴关系。两国在政治、经济和军事领域签署了一系列合作协议，而美国在民用核能领域放松对印度的限制更被认为是辛格此次美国之行的最大成果。辛格与美国总统布什会谈后，双方发表了联合声明。美方在声明中表示，印度作为一个拥有先进核技术的"负责任"的国家，应享有其他同类国家享有的利益。美国将致力于与印度开展民用核能领域的全面合作，帮助印度改善能源安全状况。声明称，美国政府还将与国会协商调整相关法律和政策，并与其他盟国协调同印度开展国际民用核能的合作和贸易，其中包括考虑向美国援建的印度核电站提供核燃料。此外，美方还表示将考虑印度加入两个核能前沿技术研究项目，即国际原子能机构主持下的国际热核试验反应堆项目和第四代反应堆国际论坛。印方在联合声明中承诺将承担"一个拥有先进核技术的国家"应尽的责任和义务，包括明确区分军用和民用核设施和项目，同意由国际原子能机构监管印度民用核能设施并达成相关协议，继续推迟核试验及控制核原料出口等。除在核能领域进行合作外，印美两国还将就天然气、煤炭、电力、能源的有效利用和循环使用成立工作小组推进合作。此外，两国在印控克什米尔问题、投资贸易合作、科研、农业和海啸援助等领域也达成了多项共识。

2006年3月，美国总统布什访印。双方就印度核设施分离计划达成协议，制定了两国贸易三年内翻番的目标，宣布成立科技委员会，探讨民用航天合作。

2008年10月印美两国正式签署核协议。协议允许印度在不签署《不扩散核武器条约》的情况下，从美国企业手中获取核燃料、核技术及核反应堆。2009年7月美国务卿希拉里·克林顿访问印度期间，与印度外交部长举行战略对话，同意双方设立工作小组探讨在核不扩散、反恐、军事、能源、气候变化、教育、扩大妇女权益、科技、卫生保健等领域的战略合作。

2009年11月22—25日，印度总理曼莫汉·辛格对美国进行了四天的国事访问，两国关系得到一定程度提升。一是美印关系定位由"战略伙伴关系"上升为"全球战略伙伴关系"，宣称"两国共同理念和互补优势将为应对21世纪全球挑战提供基础"[1]。二是对战略伙伴关系内涵有所丰富。安全方面，两国将强化反恐合作，支援国际社会通过可验证的《禁止生产裂变材料条约》，防止大规模杀伤

---

[1] 孙士海、葛维钧主编：《列国志·印度》（第二版），社会科学文献出版社，2010年版，第512页。

性武器和弹道导弹相关技术的扩散，共同致力于实现"无核世界"。经济方面，两国建立"美印经济金融伙伴关系"高级对话机制，制定"贸易和投资合作框架"和新"农业对话"机制，加强知识产权方面的双边合作。能源和气候变化方面，启动"绿色伙伴关系"计划、"清洁能源和气候变化倡议"，应对能源安全、食品安全、气候变化等全球挑战；美帮助印度筹建"全国环保署"。教育与发展方面，扩大"富布赖特—尼赫鲁专案"，启动"奥巴马—辛格21世纪知识倡议"，推动设立"妇女增权对话"。卫生合作方面，在印度筹建"全球疾病检测地区中心"，启动"健康对话"等。[1]

第二节 美印合作的传统领域

美印安全合作有着深厚的历史基础。冷战时期，美印出于需要相互靠近。冷战结束后，美印进行了全方位的合作，既包括战略角度的，也包括防务角度、地区议题和科学技术。这些合作涉及美印关系的方方面面。本书认为，美印安全合作既有共同的历史思想基础，也具备了共同的防务机制，并在地区治理上取得了重要进展。

---

[1] 本部分改编、选摘自孙士海、葛维钧主编：《列国志·印度》（第二版），社会科学文献出版社，2010年版，第507—513页。

一、安全合作的思想基础

美印安全合作有长期的思想基础。印度在尼赫鲁执政时期便受美国煽动反华，印则希望美印合作"遏制共产党中国"①。在尼赫鲁看来，在亚洲遏制共产主义是印美两国的共同目标和合作基础，双方只是手段有异，如果能说服美国决策者相信他的政策效力，两国合作则庶几可成。而美苏对抗的深化，使美国官员不得不关注印巴，尤其是印度的外交走向，并且担心南亚地区可能的"巴尔干化"会导致苏联的介入。这种情况下美国的舆论和部分国会议员积极地要求以美印合作遏制共产主义在亚洲的"扩张"②。

尽管冷战时期，双方的合作计划接近成功，但最终还是没有建成共同防务机制。失败的原因在于尼赫鲁拒绝放弃中立政策，不愿公开加入西方冷战集团，而美国则受制于南亚地区的权势分布结构，更愿意保持一个敌对的印巴两国间的力量失衡。

冷战结束后，从地缘政治而言，两国有着共同的战略利益；从价值观来说，双方有着亲近感。2014年上任的印裔美驻印大使维尔马致力于推广"美印战略+"关系。特别是美国国务卿蒂勒森，主张和印度建立"百年战略关

---

① 奉定勇：《论尼赫鲁执政时期美苏对印度的争夺》，《长江师范学院学报》，2009年第4期。
② 王琛：《1949年尼赫鲁访美的背景及失败原因》，《史学月刊》，2004年第11期。

系",两国互称"天然盟友"和"全球战略伙伴",合作达到了一个很高的层次。

二、共建防务机制

防务合作是美印安全合作的重要环节。防务合作可以提升印度的实力,并间接成为美国防务在亚太地区的抓手。在奥巴马任期内,曾创造过与莫迪"一年半内进行六次会晤"的纪录。2015年1月,两国达成了"77项倡议",涉及众多战略合作领域。两国首脑如此频繁高调地接触并取得这般丰硕成果,可谓是前所未有。两国在原有的"防务政策工作组""防务采购与生产小组""高层技术安全小组""军事合作小组""执行指导小组"基础上进一步成立了"美印防务贸易与技术倡议专案组"(2014)、"印度高速应对小组"(2015),美国驻印度大使馆还专设"防务合作办公室"。大部分美国顶级军工企业明显加强了在印度防务研发和制造领域的参与力度。2005年双方签署了为期十年的《美印防务合作框架协议》,2013年美印签署了《防务合作共同原则》,成立了"美印航母技术合作联合工作组",并在2015年8月举行了首次会晤。

在奥巴马政府时期,美印高层表示美国"亚太再平衡"战略与印度"东向行动政策"是高度契合的。2011年奥巴马提出"亚太再平衡"战略后,美国认为与印度在防务安全领域加强合作是美国"亚太再平衡"战略的关键所在。2015年两国联合发表的《美印亚太和印度洋地区联合战略愿景》突出强调南海问题。2015年10月14日至19日，美印日三国海军八年来首次在孟加拉湾举行了"马拉巴尔"演习。这些合作都极大地改变了南亚地区的战略平衡。

三、双方合作的地区议题

美印合作还体现在地区合作上。奥巴马时期，美国决定逐步缩减在阿富汗的军力；而特朗普上台后则主张增加对阿富汗反恐的力度。尽管两者的政策看似南辕北辙，但是在依靠印度方面两任总统毫无二致。

奥巴马时期对阿富汗的防务政策调整，有意引入合作伙伴来填补美国留下的防务空隙。一方面是北约内部合作。美国通过北约防务会议来引入其他北约成员国承担部分安全义务。另外一方面是引入周边大国。例如2011年10月，阿富汗与印度达成双边战略伙伴关系约定，印度在全国各地的机构为阿富汗训练2万至3万名国民军，其中包括大约500名军官。2012年6月，美国国防部长帕内塔访问印度，希望印度在阿富汗问题上扮演更积极的角色。日本也积极参与阿富汗的重建进程。2001—2011年，日本提供31.5亿美元用于阿富汗重建项目，其中包括防务活动的后勤支持等。有关学者在评估印度的作用时说，"在反恐方面，印度为阿富汗的基础设施重建投入了巨大的财力,是美国反恐的得力助手"①。印度等逐步深度介入后撤军时代的阿富汗防务,一定程度上减缓了美国的压力,也使有志于做一个"有声有色大国"的印度的地区影响力不断上升。奥巴马卸任后,特朗普希望印度在阿富汗可以发挥更大的作用,包括与美国一起为阿富汗提供更多的经济援助。

第三节　美印在阿富汗事务上的合作

阿富汗是中国的西部邻国,以一条狭窄的瓦罕走廊连接。阿富汗被称为"帝国坟场",拥有西亚、中亚和南亚等多重国家身份,是古代"一带一路"的重要枢纽国家,是南亚、西亚与中国之间经济文化往来的重要通道。阿富汗战争以后,在经济援助阿富汗方面,美国投入的力度虽然不大,但是也逐步形成了以美、欧、日三方为主导的援助格局,印度对阿富汗事务的参与,是随着奥巴马撤军计划而逐步升温的。美国与印度在阿富汗有着较深的合作关系,双方在阿富汗有着较大的利益汇合点。特朗普上台后,更改了奥巴马从阿富汗逐渐撤军的政策,注重拉拢印度参与阿富汗事务,体现了美国借助第三方力量(盟友或伙伴关系)来达到自身目的的战略意图。

---

① 王晓文、李宝俊:《中印关系的现实困境:原因及前景分析》,《国际论坛》,2014年第2期。

一、美印在阿富汗的合作内容

奥巴马时期,美国政府调整了在阿富汗的政策,逐步撤出美军的战斗力量。"在这一过程中,巴基斯坦、阿富汗地区的恐怖袭击数量急剧上升"[①],并对中亚、南亚地区的安全局势造成了较大影响。特朗普上台后,更加重视阿富汗。2017年8月,特朗普在弗吉尼亚州阿林顿迈尔堡军事基地公开宣布了新的政策:今后美军将加大在阿富汗的存在,而不是撤出;同时美国将更加依赖印度的参与。特朗普宣布的新阿富汗政策,拉拢印度的介入是其主要的一个环节。

美印联合在阿富汗反恐。安全问题是美国与印度的共同关切。美国把打压巴基斯坦、邀请印度参与反恐作为美国在阿富汗赢得新胜利的一个重要手段。事实上,印度在特朗普执政前就开始积极参与阿富汗的事务。截止2017年12月,印度已经培训了超过4000名阿富汗军官与警察。2017年12月7日,印度还同意在印度军官培训学校训练阿富汗女军官。

美国邀请印度共同援助阿富汗。事实上,这不是新鲜的事务。印度一直是阿富汗周边主要援助国。2011年10月4日,印度与阿富汗签署两国战略合作伙伴协议。根据协议,两国将在安全、经济、贸易、文化、教育和民间交

---

① 徐亮:《奥巴马政府阿富汗防务政策调整对中国西部安全的影响》,《中国集体经济》,2015年第1期。

往等领域开展合作。阿富汗是印度"国际南北运输走廊"的关键环节之一。2017年8月21日,特朗普发表美国阿富汗和南亚新策略讲话,点名呼吁印度提供帮助。在美国的撮合下,2017年印阿双方同意印度在阿富汗境内的31个省份开展116个提高影响力的项目,包括大坝和农田水利设施、可再生能源、训练军警等。《印度时报》认为,印度在阿富汗经济发展等议题上发挥着更大影响力,呼应了美国总统特朗普的提议。[1]

美国希望印度出兵阿富汗。美国国防部长詹姆斯·马蒂斯于2017年9月26日到访印度首都新德里,与印度防长尼尔马拉·西塔拉曼会面,呼吁印度在阿富汗问题上发挥更大作用。西塔拉曼表示,印度不会向阿富汗派出地面部队。印度打算加大对阿富汗安全部队的培训力度,同时在学校和医院等基础设施方面多为阿方提供帮助,"印度将在这些方面出力,如有必要,我们会扩大规模"。明确拒绝了美国的要求,仅把军事合作限定在培训军官方面。

二、美印对阿富汗参与"一带一路"的态度

阿富汗领导层高度重视对华关系,视中国为永久和可靠的战略合作伙伴,并愿积极参与"一带一路"建设。但是美国和印度对阿富汗参与"一带一路"倡议可谓心态极

---

[1] 《印度要援助阿富汗建项目提高影响力,巴基斯坦表示不接受》,观察者网,2017年9月23日。

为矛盾。一方面,需要中国参与阿富汗和平重建;另外一方面,又怕中国扩大在阿富汗的影响力。

但美国、印度、中国、阿富汗在追求阿富汗和平稳定的诉求上,是保持一致的。这也是2016年1月11日,中美巴阿四国商讨如何促进阿富汗和平进程,出现"四国机制"的原因所在。虽然印度没有参与,但印度对此实质上是支持的。印度加入上海合作组织就是证明。这说明,尽管美国、印度不能在"一带一路"问题上给予支持,但在安全问题上,特别是在"一带一路"建设需要的和平安宁环境建设上,是高度一致的,也是可以找到共同话语的。

三、美印共同参与阿富汗事务的影响

打压巴基斯坦,拉拢扶持印度,是特朗普阿富汗新战略的重要内涵。美国这样做,给中亚、南亚带来了新的态势。主要有以下几个方面:

首先,印度介入阿富汗事务越深,越容易成为恐怖主义分子新的攻击目标,增加印度本土乃至南亚地区的不稳定性。特朗普多次指责巴基斯坦对阿富汗的塔利班组织围剿不力,巴基斯坦由此暂停了和美国在军事以及情报上的合作共享。而印度对阿富汗事务的参与,面临的恐怖袭击威胁却在逐渐加剧。例如2018年1月,印度驻阿富汗大使馆遭到了恐怖分子的火箭炮袭击。

其次,美国拉拢印度介入阿富汗事务,本质是让印度的对阿政策围着美国的指挥棒转,打乱印度的战略自主性。事实上,在特朗普宣布阿富汗新战略之前。印度有自己一以贯之的对阿政策,双方高层互访频繁。2011年双方更是建立了伙伴关系。2011—2017年,印度已经给了阿富汗近30亿美元的援助。但特朗普上台后,呼吁印度参与阿富汗事务,和印度自己参与阿富汗事务存在着一定的差异,即印度要按照美国的要求行事。美国通过发展与印度的战略伙伴关系向印度施压,提出各种符合美国战略构思的要求,如要求印度支持阿富汗的经济发展、要求印度出兵阿富汗等。这给印度造成了一定的压力。2016—2017财年,印度向阿富汗提供了10亿美元援助,还培训了4000多名阿富汗士兵,同时向阿富汗空军提供了直升机。这些援助和之前相比已经大大提升。面对美方的要求,印度对美的回应一直是"多提供帮助""加大力度""增加规模"。美国智库伍德罗·威尔逊中心亚洲问题专家迈克尔·库格尔曼分析,印度不想因派兵而刺激邻国巴基斯坦。但库格尔曼指出,印度可能会向阿富汗提供武器,"新德里极少向喀布尔提供大型致命武器,除了数月前提供的一小批武装直升机外。但如果印方认定阿富汗局势稳定的重要性比避免刺激巴基斯坦更重要,也可能会勉为其难(向阿输送武器)"。[1]

再次,引起巴基斯坦和美印的对立。阿富汗政府和巴基斯坦一直缺乏信任,阿方一直指责巴基斯坦政府"支持"恐怖主义。特朗普政府把阿富汗乱局归咎于巴基斯

---

[1] 《印度明确拒绝出兵阿富汗 美防长访印收获有限》,新华网,2017年9月28日。

坦，要求巴方停止向"混乱、暴力及恐怖的代言人"提供庇护，加剧了阿巴的矛盾。在这种情况下，印度介入阿富汗事务，更是进一步撕开了双方的原有裂痕。巴基斯坦明确反对印度在阿富汗承担更多的责任。时任巴基斯坦总理阿巴西在联合国大会发言时表示，"我认为，这只会令局势变得更加复杂，将不利于解决任何问题。"针对印度对阿富汗的经济发展援助，阿巴西说，"如果他们想要开展经济援助，那是他们的权利，但是，我们不接受、也没有看到，在政治或军事方面印度在阿富汗有任何可以扮演的角色。"①

如特朗普所说，"印度从对美贸易中赚了数十亿美元，我们想要他们在阿富汗战争中帮助我们，特别是在经济援助和发展方面。"②对于这一说法印度并不同意，而且非常不满。印度并不愿意过分卷入阿富汗事务，一方面是看不到阿富汗反恐战争彻底胜利的希望，另外一方面印度国内的反恐压力同样很大。由此，印度从一开始积极呼应美国的防务合作，逐渐向战略自主性方面转变。

---

① 《印度要援助阿富汗建项目提高影响力，巴基斯坦表示不接受》，观察者网，2017年9月23日。

② 《特朗普让美军留在阿富汗 拉拢印度敲打巴基斯坦》，《环球时报》，2017年8月23日。

第五章
美印战略合作的发展前景

本章主要论述美印应对"一带一路"倡议行动的发展前景。从美印角度来说,仍然有参与"一带一路"倡议的可能性,但在安全角度,美印会构筑对"一带一路"的"防波堤"。

第一节 美国因素对"一带一路"的影响

一、美国可能采取的积极性策略

美国的外交决策具有两面性,但核心是现实主义决策模式。积极性策略是合作、共赢的思路,其实现条件有赖于上述认知中对华现实、友好的看法是否能够占据决策的主导地位。"一带一路"倡议构想是中国提出的,而美国也提出了"新丝绸之路"计划。在很多人看来,中美之间在"一带一路"问题上的竞争与冲突不可避免。但在相互依存的时代,中国"一带一路"计划不仅不是美国的挑战,还可能是美国的机会。

中国"一带一路"倡议是开放包容、和平发展、互利共赢的。在当今时代,合作两利,斗则两伤。"一带一路"倡议的沿线国家也希望中美两国给本地区带来更多的和平与发展机遇,而不是成为冲突的场所,这说明"文明竞争,理性合作"是众望所归。中国实施"一带一路"倡议,不排斥美国的"新丝绸之路"战略,恰恰是希望美国积极参与其中,通过"一带一路"倡议形成共生性国际体系。中国提出的"为共同利益"的主张以及战略透明的做法有助于消除美国的顾虑,为吸引、引导美国参与其中奠定了基础。美国方面可采取以下做法达到高水平的互信、包容、合作、共赢。

第一,美国可以创设国际机制"创造性参与"。由于"一带一路"倡议直接面向经济领域。中美合作可以给世界提供多元的选择。在全球化时代,经济的互补性大于竞争性。中美之间不妨在"新型大国"框架内率先以"一带一路"倡议为突破点进行协商,以建设性的理念建立"国际协商机制"。在这个创设性机制下,中美两国可在"一带一路"框架下进行双边乃至多边磋商,分工协作,各取所长,相互补充,逐渐相互参与到对方的建设规划中。

第二,美国可以"局部实验性参与"的方法,在参与中逐步建立信任,在初步信任的基础上深化合作,形成信任—实验—信任的良性循环。一般认为,经济领域的共赢可能性大,因此美国参与中国的"一带一路"倡议,可以经济领域为突破口,注重中美合资企业等"先驱者"的示范作用,进行"实验性"合作。这种合作本身就是一种建立初步信任的举措。美国方面应该注意到，中国"一带一路"覆盖的区域是美国主导力缺乏、区域合作机制化程度较低的地区。美国应做出积极的回应。

第三，美国可以"顺其自然式参与"的方法参与中国的"一带一路"倡议。如美国执意不参与该计划，那么损失较大的将是美国。在这个过程中，美国表现出顾虑是正常的，但是只要不反对本国的企业与机构参与，本身就是一种巨大的贡献。经济有其自身的规律，中美利益将可能在碰撞与合作中自然融合，形成共赢。

因此，美国可以通过创设国际机制"创造性参与""局部实验性参与""顺其自然式参与"等三种路径参与中国的倡议。由于无法回避经济竞合和相互依赖问题，因此美国越早参与中国的"一带一路"倡议，则越主动。美国越早认识到共同利益和寻求利益切合点的合作，越有利于将分歧控制在秩序和符合国家利益的范围内，从而使各自的经济建设健康发展。

二、美国可能采取的消极性策略

美国可能采取的消极性策略有以下几种：

第一种，规则型，即利用现有国际规则和地区机制来约束中国。美国将充分利用丝路沿线的现有国际机制插手相关国家的对华政策。

第二种，制衡型，即利用大国关系的既有矛盾。美国学者认为"一带一路"倡议将削弱沿线其他大国的影响力，如印度、日本、俄罗斯等。

第三种，破坏型，即利用沿线国家的政党、舆论和非政府组织来损坏中国投资者、政府的形象以及利益。破坏的程度分三个等级：从低等层次来说，利用反政府组织、非政府组织、舆论来制造混乱，使该地区陷入不稳定（如动荡中的利比亚和叙利亚）；从中等层次而言，可以通过非政府组织的资金运作来支持反华势力上台执政，使丝路建设陷入暂停甚至被取消；从高级层次来看，可以通过舆论、非政府组织活动来煽动该国民众对"一带一路"倡议的反感情绪，使中国的行动陷入困境。

三、美国外交政策与"一带一路"的贡献

第一，"重塑世界贸易版图"。"一带一路"有机会重塑世界最重要的自由贸易支柱。西方舆论纷纷预测，美国走向保护主义这一现实，是影响世界经济的重大事件，中国现已成为致力于自由贸易和全球化的世界最大经济体。因此，即使美国走向贸易保护主义或者在重审国际贸易后复归自由贸易，中国等其他快速增长的经济体仍然会致力于全球化。

第二，促进"一带一路"更加注重科技进步和效率提升。中国和其他国家建设的科技园区（高新区）取得了举世瞩目的辉煌成就，集中体现了中国依靠科技创新促进经济发展的成功经验。在与"一带一路"沿线国家合作中，通过科技园区合作，推广中国成功经验，促进合作国家科技创新和产业发展，是"一带一路"做出的重要贡献。

第三，美国的制造业回流有利于中国填补相关空白。

特朗普当选对跨国集团影响较大。在开利集团（Carrier）、软银承诺新增美国工作后，福特汽车2017年1月宣布取消在墨西哥的建厂计划，准备在美国密西根州投资7亿美元，为美国创造700个新工作。在这种情况下，这些跨国公司留下的市场空白将为中国企业走出去创造大量的机会。

四、美国因素对"一带一路"的主要风险点

第一，西部不稳。"一带一路"的西线可能由于美俄关系的改善而受到负面影响。美国战略学家一直鼓动特朗普"联俄抗中"。中国西部地缘形势可能面临的浮动是特朗普可能在中国的西部，特别是中国实行"一带一路"过程中给俄罗斯施加压力或以交换利益为代价，造成中国西部压力陡增。

第二，需要特别强调的是，特朗普并非单纯反对自由贸易，而是反对多边贸易安排。（1）特朗普并非反对双边的自由贸易。由于美国是第一大经济体。在和任何经济体的双边博弈中，美国都会占据主导地位，而且享有最佳优势。多个美国具有优势的双边贸易累加，便足以抵消重审多边贸易体制带来的负面影响。（2）在多边贸易安排中，特朗普并非一概否定，而是以重新审查为主。这一点会影响美国的贸易，但是并不会从根本上颠覆美国的贸易获利。因此，美国并不会退出世界贸易体制。

第三，对中国投资者和收购者来说，不仅中国在更严格地控制美元资金流出，而且美国也对中国买家在美国及

全球的收购表现出了更大的敌意。任何稍具规模的交易都需要经过跨部门机构——美国外国投资委员会（Committee on Foreign Investment）的国家安全审查。这些对于"一带一路"沿线的在受美国影响的国家并非是一件好事。

第四，相似项目存在竞争。特朗普宣称的"我们要修复我们的内部城市，重建我们的公路、桥梁、隧道、机场、学校和医院"必然带动美国的相关基础建设企业的发展。这些企业对复兴美国，对于特朗普所说的"我们将重建我们的基础设施，以此促进数百万人就业"具有极大的推动作用。

第五，资本外流与汇率变轨。英国经济学家、前英国伦敦经济与商业政策署署长罗思义认为，中美双边贸易占中国GDP份额较低，即使中美贸易断裂，仍然不会影响中国的经济整体面。美国著名智囊机构彼得森研究所指出："如果特朗普的这些政策主张得到落实，将引发美国贸易伙伴的报复行为和触发贸易战，导致美国经济陷入衰退和损失数百万个就业岗位。其中，信息技术、航空、工程等行业受到的直接冲击最大，批发和零售配送、餐饮、临时就业机构等行业，特别是生产贸易商品的地区也会受到影响。数百万美国人的就业不再与国际贸易有关——低技能、低工资的就业岗位可能处于危险之中。"[①] 对中国出口到美国的商品征收高关税也会提高美国消费者价格成本，从而降低美国民众生活水平。随通货膨胀而来的物价上涨也必

---

① 罗思义：《特朗普胜选将令中国成为全球化的最重要支柱》，新浪财经—意见领袖，2016年11月17日。

然对美联储加息施压，令美国经济增长面临下行压力。特朗普提出的经济计划的总体特征显而易见：大幅削减富人税收，以及提高美国军事和基础设施建设支出。这套组合拳需要大规模政府借贷，将对全球汇率产生重大影响，进而影响中国利率。这些影响所带来的威力，远大于美联储2016年12月加息带来的影响。美国政府借贷增加，引起的资本需求增长，必然意味着美国国债收益率亦会随之上涨。除非资本供给可以增加，而要增加资本供给，必然寻求提高国内储蓄或借债。从这个角度来看，中国经济或将受到特朗普经济计划的严重影响。

第六，制造业回流迫使美元低估。比利时布勒哲尔研究所所长贡特拉姆·B.沃尔夫（Guntram B. Wolff）认为，唐纳德·特朗普让制造业回归美国的政策，或许能为美国带来更多的制造业工作岗位，但如果美国不对外国的竞争对手征收高关税，美国消费者可能仍会转向购买在工资水平比较低的国家生产的产品；假如美国提高关税来保护美国产品，美国消费者将别无选择只能购买更为昂贵的美国制造的产品。这将导致美国人压缩在其他方面特别是在服务领域的消费，导致美国服务业的失业人数增加。[1] 但是这个悖论其实在经济学上是有解决方案的，那就是增加对美国企业的资金补贴，低估美元，从而使美国产品具有竞争力。这一点在其他西方国家曾经做过。如果是这样，那么美国生产的产品将会在世界出口市场上具有一定的竞争

---

[1] http://sscp.cssn.cn/xkpd/xszx/gj/201701/t20170116_3384522.html. 访问时间：2017年1月18日。

力，从而对"一带一路"倡议的竞争力造成损害。

第二节　美印战略合作下的印太海域形势

美印的战略合作，从2016—2018年这个时段存在着一个波浪形的曲线。从开始的两国亲密互动，到逐渐趋冷，再到关系理性化。印度坚守其建国以来的中立政策，大大减少了盲目跟随美国的行动。对于印度来说，中美大国的博弈有利于印度两头获利；但如果印度为美国火中取栗，那么印度不仅不会得到更多的利益，反而会引火烧身。未来的美印战略合作恐怕是形式大于实质，给面子大于得里子。因此，在这样的战略态势下，印太海域的形势基本保持稳定。

一、印太海域的北部方向：合作空间狭小

印太海域北部，从日本海到东海、黄海，聚集了众多的大国、强国。这一海域出现的争端问题，都不涉及到印度的核心利益。因此，印度在本地区更多的是追求经贸利益，突出其独立自主的外交形象。

美印在朝鲜半岛问题上更多的是经济利益和全球和平问题，较少涉及安全利益。"韩国对印度在战略、经济、防务等领域的重要性也因此远远超过了朝鲜。但尽管如此，印度外交中的战略自主原则仍然非常坚韧，印度继续维持了与朝鲜的外交关系，并长期是朝鲜的第二大贸易伙

伴。可以说，印度对朝鲜半岛南北双方的政策既体现着自身坚定的战略自主，也有着明显的实用主义倾向"。① 随着朝鲜和韩国两国领导人实现互访和"特金会"成为现实，朝鲜半岛局势出现缓和的态势。对此美国和印度都持欢迎态度。说明美国和印度在对待事关世界和平的问题上，有着共同的话语。

日本拉拢印度介入本地区事务将是长期趋势。21世纪初期，由于安倍忙于国内选举，其执政精英对亚太事务的态度暂处于观望心态。"美国总统特朗普在谈及美国海外军事部署时展露出孤立主义倾向，这使日本对美国今后在南海地区牵制中国的力度有所忧虑"。② 尽管如此，日本拉拢美国、印度共同介入本地区事务将或明或暗进行。

美国并不愿意印度介入东北亚的安全事务。未来，印度和美国将共同在本区域内把日本作为依靠的重点，关注朝鲜半岛的和平问题，致力于和韩国发展经贸关系。就安全领域来说，印度将更多地和日本进行合作，但和韩国、朝鲜的合作范围将非常有限。印度对于日本海、黄海、东海等海域问题，并没有成体系的政策，因此美印在印太海域合作的意愿不高。

二、印太海域的中部方向：合作成效不大

美国在南海地区与印度的合作目标是出于牵制中国的

---

① 刘鹏：《印度的朝鲜半岛政策：战略自主与实用主义的结合》，《世界知识》，2018年第16期。
② 包霞琴、黄贝：《日本南海政策中的"对冲战略"及其评估——以安倍内阁的对华政策为视角》，《日本学刊》，2017年5月10日。

考虑。美国将会在南海执行"最低限度的奥巴马政策",该政策将会使美国军舰继续在南海海域航行,但频度有所降低。从美方三次到南海航行的次数来看,分别是5月底、8月上旬、10月上旬,大致2—3个月一次,明显较奥巴马时期减少。

在该区域内,美国除了与日本保持合作、加大与越南合作力度外,竭力把印度拉入其中是必然的选择。其指向是进一步争取印度的支持。21世纪初期,印度的南海政策立场有所变化,但这种表现呈现矛盾、摇摆的特点。2017年4月18日,中俄印三国外长在莫斯科举行第十四次会晤后,发布联合公报,俄罗斯、印度承诺维护基于国际法原则的海洋法律秩序,认为所有相关争议应由当事国通过谈判和协议解决。德国科学和政治基金会专家克里斯蒂安—瓦格纳认为,"近两年莫迪领导下的印度政府与美国联手,加强与中国的对立,比如发表关于南海的美印共同声明。印度也与越南等与中国存在争端的东南亚国家进行合作。"[①] 2017年7月,美国国务院批准通用原子公司向印度出售极为先进的22架MQ-9B"天空守护者"(又翻译作"海上卫士")无人机及其配属设备。9月25日,美国国防部长詹姆斯·马蒂斯前往印度访问,与印度建立新的制度性机制,提升美印之间的防务关系以及在地区问题上的合作。但印度在中美之间仍然会保持一定的独立性。

---

① http://www.jiemian.com/article/616849.html. 访问时间:2017年1月3日。

三、印太海域的西部方向：存在着根本冲突

美国与印度在印太地区的合作，本质上是存在着差异的，突出体现在美国与印度的战略合作，一直存在着一种"口惠而实不至"的尴尬状况。尽管莫迪政府在特朗普执政初期表达了对合作的热情期待，但特朗普政府的贸易政策显然也一定程度上惹恼了印度。特朗普宣称的"印太地区保持自由、开放"，与莫迪政府主张的"印太地区追求自由与开放"显然在表述上是有差异的。

印度并不愿意外部力量在印度洋地区强化存在。美国是一个海洋强权，对它来说，确保世界水域自行航行是其全球利益所在。但是对于印度来说，美国提出"印太"战略的本质，对于印度力求控制印度洋的长期愿景是一种威胁。印度具有很强的地区构想，而美国的"自由印太"，实质上使印度洋国际化成为现实，使印度难以达到控制印度洋的企图。而印度更愿意在其国力不足的情况下，保持现状而不是导向印度对印度洋的失控。

美国决策层将印度视为长期威胁。对美国来说，不论是从体量还是规模，印度都是一个潜在的"危险伙伴"。印度是一个拥有13亿人口的大国，而且经济发展迅速，特别是印度希望成为一个世界大国，而美国对于有雄心的国家均保持着警惕。印度洋是世界上重要的能源和贸易航线，也是美国要控制的重要海域，这就与印度发生了利害冲突。因此从长远看，美印存在着根本冲突。

四、印太海域的南部、东部方向：澳印合作存在隐患

当前美澳关系可能有所提升和增进，但印澳关系未必如美国所愿地增进。有学者判断，"特朗普频频就南海问题发出'挑衅'信号，这样一种趋势将会加大未来澳大利亚南海政策中的美国因素"。① 另外，根据美国《华盛顿时报》网站2017年9月13日发表的题为《现任太平洋舰队司令将成为太平洋司令部负责人》的报道称，太平洋舰队司令斯科特·斯威夫特上将有可能成为夏威夷太平洋司令部司令，而哈里斯则成为美国驻澳大利亚大使。由于哈里斯在日本和印度等国，特别是在澳大利亚政府、军队和战略界具有广泛的人脉关系，而且哈里斯的日裔美国人身份，使得推动建立以美、日、澳、印为主体的"亚太北约"具备更好的主观条件。尽管对哈里斯个人的作用不应过度夸大，但他的影响必须给予足够的重视。

尽管美澳表现出积极合作的姿态，但双边的友好未必自动延伸到小多边层次。在美国主张的四国安全对话中，印度和澳大利亚并不是十分积极。这说明"印太"战略中，美国要协调的关系确实是异常复杂的。澳大利亚是南太地区大国，力图主导南太事务，但如果让日本、印度等国家进入该区域，等于稀释了澳大利亚在本地区的影响

---

① 王雪松、刘金源：《"双重依赖"下的战略困境——澳大利亚南海政策及其特点》，《和平与发展》，2017年6月15日。

力。从这个角度来说,"四国机制"的建立将面临严重的协调问题。

总之,由于美国"印太"战略中牵涉的国家多、面积广,还要协调具有众多地区利益的大国,因此这一战略强化了问题的复杂性,增加了问题的解决难度。在这种情况下,美印战略合作下的印太海域形势会呈现博弈后的稳定。这种稳定是基于利益的多元性和难协调性,也是基于本地区多数国家的和平外交政策。

第三节 美印战略合作下的大国合作与竞争

21世纪的国际格局正处于新的复杂变局中,第二个十年以来国际形势的变化更为快速多变。自2016年起,美国、俄罗斯、中国、日本、印度、澳大利亚之间的大国互动持续深化,合作、竞争、对抗并存的局面更加复杂。特朗普上台以来,"大国互动有两条主线日益浮现,一是以中国为代表的新兴大国日益崛起,中国'一带一路'倡议的地缘政治与地缘经济影响日益上升与外溢;二是美国作为守成大国为维护传统霸权或地缘经济、政治影响力而进行的纵横捭阖"[①]。可以说,大国间围绕"一带一路"的互动或博弈,更多是国家利益本位考虑和国家间关系的客观反映。在"一带一路"问题上的大国合作与竞争主要体现

---

① https://wenku.baidu.com/view/333abdd2bdeb19e8b8f67c1cfad6195f302be810.html. 访问时间:2018年1月2日。

为四个不同程度：第一是采取坚定支持政策的俄罗斯；第二是内部分歧严重，采取一定程度上支持政策的欧盟；第三是采取竞争与合作并行政策的印度、日本；第四是采取竞争与遏制政策的美国。俄罗斯支持中国的"一带一路"倡议，这一点与美国、印度有着较大的差异。作为一种回应，中国从维护中俄全面战略协作伙伴关系的角度出发大力支持俄罗斯提出的建立"欧亚全面伙伴关系"倡议。2016年6月中俄两国元首签署联合声明，明确提出中俄主张在开放、透明和考虑彼此利益的基础上建立欧亚全面伙伴关系，包括可能吸纳欧亚经济联盟、上海合作组织和东盟成员国加入。作为中国最大邻国，俄罗斯立场具有积极的示范效应。欧洲大体上改变了"一带一路"倡议出台初期的审慎立场，开始以相对务实的态度探讨双方战略对接的可能性与路径。中国与欧盟领导人早在2015年就决定支持"一带一路"倡议与欧洲投资计划进行对接，决定探讨"一带一路"与"容克计划"的对接方式。在双边层面，截至2017年底，欧洲18个国家加入了亚投行，与包括匈牙利在内的多个欧洲国家签署了"一带一路"合作文件。从总体上看，中欧尽管在市场准入以及技术标准等方面有分歧，但经济合作与战略对接是目前中欧关系的主流，具有进一步发展的潜力。那么，美国和印度的态度又具有哪些特点呢？

一、特朗普政府对印度存在战略误导倾向

特朗普执政以来，莫迪和特朗普频繁互动，但事实证

明，这些并没有实质上改变印美关系，相反，随着2018年美国废止"伊核协议"，双方的矛盾有扩大趋势。双方都对彼此感到失望。这说明，双方最初对彼此的认知都有一些偏差：美国认为印度可以接受拉拢，而印度则对美国抱有幻想。这种偏差主要不是指学术探讨或智库观点，而是美国和印度决策者以行动体现的政策倾向。

（一）表现

美国认为印度可以发挥"西太平洋民主灯塔"的作用。"灯塔"的说法源于美国前国务卿蒂勒森。这种全球"两座灯塔之一"的定位对于印度来说不可谓不高。但印度只对本国的安全利益、全球地位感兴趣，对这种"虚幻的民主推行者"和"充当亚非拉世界的民主倡导者"并不热心。印度的战略决策一向是倾向于南亚本位，这使印度更重视在南亚区域板块内的主导力量。美国对于印度的这种"希望"，更多的是一种战略误导。与印度的国家利益和外交取向是不一致的。

希望印度充当遏制中国的前锋。从手段和实现路径来说，印度并不希望直接与中国冲突。澳大利亚大学战略研究教授休·怀特认为，"长期以来，许多美国人以及美国的许多亚洲朋友都认为，印度日益增长的财富和实力对于帮助美国抗衡中国日益增强的战略分量以及对付中国对美地区领导地位的挑战，将是至关重要的。确实，许多人认为印度将发挥上述作用。这种想法一定程度是错误的。中美关于亚洲未来秩序的构想的竞争到底谁赢谁输，最终取决于谁表现得更愿意为自己的构想而战。中国想改变现行秩序的决心不如美国想维持现行秩序的决心大。这就是为什么说印度在这场竞争中的作用取决于它表现出的在美中发生冲突时愿意多大程度在物质上支持美国以及有多大能力支持美国"。①

美国误认为印度期盼着美国给予崇高的荣誉地位和国际地位承认，这样印度就能在国际战略中支持美国。印度认为它从美国政府那里得到的是一"虚"一"实"。"虚"的一面是，美国会大肆称赞印度是美国重要的战略伙伴之一，也会强调印度在"印太"战略中的重要性，甚至会成为美国"不可或缺的伙伴"。"实"的一面是，印度可能会从美国那里获得一些先进的军事武器，这些武器或许会比之前印度从俄罗斯购买的武器更现代化，而且有些武器可能会享受"盟友级"的特殊待遇②。但是，这背后是印度必须付出更高昂的价格，而且不能获得美国的军事技术转让。这一点与印度的政策并不一致。

（二）错误认知的原因

印度的内部存在着一种多元、宽容却又冲突的文化。仅就印度教文明而言，它更多强调灵修、来世，和美国的文化存在着一定的差异。亨廷顿在《文明的冲突》中研究了几种文明的关系，但涉及到西方文明和印度文明的却很少。这里我们以"文化差异"视角看一下美印在国际政治心理、国际战略文化上的差别。

---

① 《澳专家：亚洲新秩序有多种模式 美退一步最理想》，中国新闻网，2015年6月27日。
② 《美国给予印度的"巨大荣耀"要凉了》，《环球时报》，2018年7月4日。

美国决策层急于解决世界秩序问题，和印度的"缓慢"策略不一致。特朗普重塑世界贸易格局的举动，使其错误地认为印度可以在共同假想敌的基础上进行合作。然而，印度是一个严重依靠 WTO 规则的国家，在国际战略上和中国的共同点更多。因此在很多方面，印度和美国存在着矛盾。尽管美国给予印度多方面的豁免，但并不能从根本上解决两国在战略取向上的矛盾。

美国试图把一些战略理念强加给印度，引起印度的警惕。特朗普政府强调"本着自由、公正、互惠"的"自由、开放"的印太地区构想，而印度同意该构想中的一部分，对涉及印度洋领域是有所保留和警惕的。印度随着国力的增强，控制印度洋的愿望也在增强，这和美国的"自由海洋"理念本质是不一致的。

（三）后果

1. 导致美印关系高看低走

双方的关系由开始的"蜜月"，而慢慢走向平淡。美国对印度长期口惠而实不至。不管美印两国的调门多高，但对一个在外交政策上追求"美国优先"的美国政府来说，印度的反抗心理逐渐呈现走高的状态。特朗普指责印度对从美国进口商品征收高达100%的关税。他表示，"我们希望（印度）取消关税"。印度还加入对美反击阵营。为报复美国向印度加征钢铝关税，印度决定对农产品和钢铁制品等29种美国进口产品提高关税。这些都导致印度从希望走向失望。美国与印度关系的高开低走，迫使印度开始继续坚守"不结盟和结盟之间的选择——一种'战略自治'状态"①。随着在伊朗核协议问题的分歧日益加深，以及关税摩擦的背景下，两国在各领域的矛盾加剧。

2. 激发了印度战略文化取向：攻防二元混合体

印度文化心理中有一种自卑加自傲的混合状态，使印度特别提防被美国利用。在这种攻防二元混合体中，印度会逐渐认识到传统战略文化的重要性，回归到战略平衡的思路上。

3. 美印关系回调有利于中印关系

也许是觉得美国人的"印太"战略空洞无物，印度2018年在莫迪"战略自主"方针下同俄罗斯、中国和伊朗加强了合作。与此同时，美印两国在双边贸易领域频发冲突；就算在唯一的成果——美国武器出口印度上，基础性文件的签署毫无进展，从而导致印度方面最看重的有关武器供应和技术转让的谈判一再拖延。

因此，可以预见，美国对印度的影响力比大多数人想象的要弱。2016—2018年，印度对待美国"对华遏制"政策正在从积极支持逐渐回归到战略自主性，在个别领域，印度甚至保持了中立的姿态。但即便如此，一个中立型的印度仍然客观上是有利于美国的。

---

① 随新民：《印度战略文化和国际行为：基于争论的案例分析》，《国际问题研究》，2014年第1期。

二、特朗普政府寻求全面调整中美关系

特朗普上台后,在知识产权、高科技、贸易领域与中国面临着经济冲突与摩擦。

(一) 特朗普政府外交政策特点

集中优势力量重点打击对美国安全和地位有直接影响、有重大利益相关度的国际势力。特朗普是"全面收缩,重点突破",关键是在后面的"重点突破"。美国力图撤回那些没有必要、无意义的军事力量,但对于有必要的军事消耗,将会采取有效策略,提升其质量。

集中优势为美国争取到在经济和商业领域的最大筹码。美国会追求经济和军事利益,如果多边贸易协定不能满足美国这个愿望,被废除的可能性很大,但如果多边协定可以修订,那么多边协定则可以得到保留。

经济矛盾激化将对世界产生影响。首先,东北亚地区会趋热,东南亚地区趋冷。特朗普政府军事政策重点之一就是解决美国所认为最重要的军事安全问题,而朝核问题是重点。其次,西亚地缘形势进一步增压。美国将会在阿富汗增兵,并使印度介入阿富汗。此外,南亚地区和印度之间的关系将面临着一定的挑战。

(二) 中美关系走向与影响

特朗普在竞选过程中,强调加强美国国内的基础设施建设。特朗普执政有利于"一带一路"的局部环节和局部

领域，但也给"一带一路"带来了一定的风险。

首先，中美经济关系面临着巨大的挑战。特朗普在核心利益上可能会颠覆之前的历任共识，希望中国做出巨大的经济让步。其次，中美间博弈将加剧。心理学上有一种观点叫挫折—攻击理论：如果一个已经是优等的学生，突然从优等生成为次优的学生，他心理上会形成一种挫折感，因而表现出对新上位优等生的攻击性。美国社会会不会也存在着这种挫折感，进而加深中美间的竞争压力？另一方面这也有利于中国将自己的智慧贡献给世界，推动中国经济的转型升级。

三、印度对华政策延续"竞争加合作"

印度是中国周边外交、大国外交的重要对象。中印关系的走向对中国"一带一路"倡议具有重要的战略意义。因此，中国从外交战略的高度出发，坚持"与邻为善，以邻为伴"方针，希望改善对印关系，通过各种渠道和方式，加强彼此间的互信，希望双方尽量减少战略误判，减少安全疑虑。同时希望双方以前瞻性的视角，多做建设性的工作，避免突发性摩擦，避免零和局面的出现。

（一）中印在地区层面的"竞争加合作"是长期的

冷战结束还带来一个重要后果，即地区大国的权力上升，新兴大国不断崛起。在亚洲大陆的局部环境里，出现了中国和印度同时崛起的情况。中国和印度尽管在外交上建立了战略合作伙伴关系，但是由于争议领土问题迟迟不能解决，导致双方的信任度非常脆弱。

2003—2016 年中国和印度 GDP 增长速度比较[①]

	2003	2004	2005	2006	2007	2008	2009	2010	2011	2012	2013	2014	2015	2016
中国	10	10.1	11.3	12.7	14.2	9.6	9.2	10.4	9.3	7.8	7.67	7.35	6.9	6.7
印度	7.94	7.85	9.28	9.26	9.8	3.89	8.24	9.55	6.86	3.24	5.02	7.42	7.57	7.11

中国崛起提供了不同于印度的发展模式，为南亚国家所学习、研究。中国议题是南亚很多国家非常热衷的一个焦点议题。政党和民众之中也形成了一股研究中国、学习中国的热潮。中国模式的成功大大提升了中国文化和经济发展方式的吸引力。如尼泊尔等国家便开始积极改变单纯依赖印度的局面，注重发展与中国的合作。

此外，中国推动新安全观给南亚国家带来政策调整的良机。尽管国际政治经济新秩序还处于萌芽状态，但是随着中国和东亚的崛起，亚洲的传统政治经济新秩序正在发生微妙变化。"亚洲国际关系正在世界范围内形成广泛而根本性的改变。该地区重大变化之中的首要内容就是中国崛起成为地区经济引擎、主要军事权力拥有者并在地区外交中发出自己的声音以及在多边机构中积极实施了建设性权力"。[②] 这对具有冷战思维的印度形成了某种压力。一些

[①] 国际货币基金组织：《世界经济展望》，2017 年 1 月，http://www.imf.org/external/chinese/pubs/ft/survey/so/2017/NEW012313Ac.pdf。访问时间：2017 年 2 月 23 日。

[②] David Shambaugh. "Nonresident Senior Fellow The Brookings Institution Director", China Policy Program George Washington University. Power Shift: China and Asia's New Dynamics. http://www.brookings.edu/events/2006/01/12asia.

印度精英认为，中国挑战了印度在本地区的存在，是对印度的"威胁"。可以说，在地区层面的竞争关系，形成了南亚地区某种"竞争加合作"的现状。

（二）中印合作关系的领域与性质

关于中印关系的度量，清华大学国际问题研究所（现更名为"当代国际关系研究院"）推出的《中国与大国关系数据库》提出了"双边关系分值标准"。在该标准中双边关系被划分为三大类别："敌对""非敌非友""友善"，每一类别按照程度再一分为二，共六个等级，对应的分值范围分别是："对抗"（-9—-6）、"紧张"（-6—-3）、"不和"（-3—0）、"普通"（0—3）、"良好"（3—6）、"友好"（6—9）。每个等级再分为三等水平：低等水平、中等水平和高等水平，正值与负值的低、中、高方向相反。

对抗	紧张	不和	普通	良好	友好
高 中 低	高 中 低	高 中 低	低 中 高	低 中 高	低 中 高
-9 -8 -7	-6 -5 -4	-3 -2 -1	0 1 2 3	4 5 6	7 8 9

双边关系分值标准示意图

根据这一标准，1950—2011年中国和印度关系波动较大，从对抗到良好关系。在2007—2011年，中印关系徘徊在"良好"关系中的中、高之间（4.8—5.1区间），2007—2011年中国和美国之间则处于"不和"和"普通"

关系之间。[①]"良好"是指两国关系的性质是友善的，双方满意于现行关系，但在一些问题上有明显的战略分歧。2005年，中印双边贸易额比2004年增长了37.4%，[②] 双方都满意于当时的双边关系，并决定将2006年定为"中印友好年"；与此同时，中印在边界问题和联合国改革问题上仍有重大分歧。

（三）印度对中国存在提防心理

印度主流精英半个多世纪以来一致对华态度强硬。历史恩怨和现实地缘政治因素，决定了中印关系未来的坎坷性、曲折性。印度自莫迪上台以来，打破了国大党树立的原则——跟美国保持距离，不仅主动插手南海事务，还促成美国的"印太"政策。因此，大国关系中，印美关系是印度的主要外交方向，同时保持同俄罗斯的友好关系，对华关系，则呈现"竞争加合作"的态势。

[①] 清华大学国际问题研究所：《〈中国与大国关系数据库〉使用方法》，http://www.imir.tsinghua.edu.cn/publish/iis/7522/20120522140122561915769/1.pdf。

[②] 《中国进出口商品主要国别（地区）统计》，《国际贸易》，2006年2月号，第71页。

第六章
"一带一路"建设的启示与思考

本章主要论述中国在国际范围内推动"一带一路"倡议遇到的问题,所要吸取的经验和教训。本章是前几章的扩展和延伸,是从理性角度对"一带一路"倡议的思考。

第一节 实验示范效应

中国提出"一带一路"倡议,是一种宏观层面的顶层设计。顶层设计有战略性、统筹性和计划性的优点,但也容易在实施的过程中由于忽视沿线国家和地区的个体差异而被现实解构。"一带一路"蓝图要从"图纸"物质化为一种有效的实践活动,恐怕要有较为成熟规范的思路,以树立示范和榜样。

一、为什么要进行实验

实验是科学研究的基本方法之一。自然科学的实验根据科学研究的目的,尽可能地排除外界的影响,突出主要因素并利用一些专门的仪器设备，人为地变革、控制或模拟研究对象，使某些事物（或过程）发生或再现，从而去认识自然现象、自然性质、自然规律。实验作为一种方法，并不自动止步于自然科学领域，思维科学和社会科学内也适用于该方法。社会科学的实验固然不可能像自然科学那样严格地控制变量和外部干预，取得与预期等效的结果，但政策科学的实验能够为政策的广泛推行积累经验。

从战略学上来说，"一带一路"作为一种倡议构想的实施是由提出构想，制定行动计划，进行有效资源配置，组织准备，战略实验，全面实施，以及战略控制这一系列复杂的过程所构成的。根据事物发展的规律，"一带一路"倡议构想已经理所当然地进入了战略实验阶段。正如中国与全球化智库主任王辉耀所说，"一带一路"顶层设计阶段已过去，研究更需落到实处，应更加具体、更加专注、更加具有实际参考价值。2013年，习近平主席提出共建"一带一路"倡议构想。随着"一带一路"愿景文件的发布和一系列项目的实施，"一带一路"在2014年、2015年引起了国际社会的热议。似乎一系列项目的实施，是一种全面开花的形式，但从科学的规律来看，"战略实验"是一个不可或缺的步骤。忽视该步骤，代价将可能是惨重的。

那么，"一带一路"倡议是否也可以做实验？答案是肯定的。特别是海上丝绸之路，可以选择性地寻找"一带一路"沿线国家中两个差异明显的国家做案例。2015年5月18日中国与全球化智库启动了"一带一路"国别研究，会上成立的"一带一路"研究所公布了"一带一路"路线图，涉及65个国家。这些国家中有的对"一带一路"回应热烈，有的则对"一带一路"提出了不同的看法。显然，"一带一路"路线要成为"不被切断的线"，有不同看法的国家和赞成的国家对中国来说同样重要，甚至有不同看法的国家还获得了更多的筹码，因而引发了中国更多的关注。

一个国家政府、企业和学者的精力是有限的，不可以随意将资本无限扩展和挥霍。经济实力有其应用的边界。中国人民大学国际关系学院庞中英教授对"一带一路"发出了"过热"的善意警告[①]。这个警告进一步突出了"实验先行"的重要性。众所周知，不仅政治学研究中比较具有意义，外交关系的比较也有其应用的价值。

二、如何选择实验的对象

在科学研究中，一个自然界的自然物要被选择为实验对象，首先是服务于研究的目的，其次是要选择具有代表性的对象。按照这个方式，显然应对国家类型进行划分。

通过区分国家类型，寻找典型性代表国家作为实验对象，可以掌握"一带一路"实施的基本技能和方法，进一步探究"一带一路"推广的基本路径，认识"一带一路"实施的各种手段和学术研究成果的效能，提高"一带一路"构想的实践和应用能力，形成较为普遍的经验，进而

---

① 庞中英：《"一带一路"有助国人更全面理性看待全球化》，中国经济网，2017年5月16日。

具有示范意义。如果说，实验是一种学习的话，那么差异化实验更注重与搜索、创新等活动相关的探索式学习，"一带一路"构想的实施者可以从中获得丰富的异质性知识资源。

三、进行实验有哪些益处

实验是有效益的，它的效益比本身更具有价值。成功的实验具有推广意义，失败的实验可以积累教训。总的来说，进行"一带一路"实验的益处主要有三个方面：

第一，提供战略构想和现有研究成果的"试错"机制。任何有关风险和危机的预判，如果不能得到"证伪"，那么仍然是空中楼阁。通过国家行为体作为"一带一路"实验的前期实施对象，可以实现"总体外交"视野下各种资源的有效整合，对"一带一路"倡议构想以及为之服务的各种思想资源进行检验。

第二，提供危机预警和风险预判系统。"一带一路"的实验，可以在所在国学习和掌握与所在国民众、政府相处。"一带一路"的实验方法可以培育一批企业的先驱者，减少"一哄而上"带来的盲目性，在认知和实践的规律基础上形成风险规避效用。"一带一路"实验形成的经验，是在"一带一路"构想普遍推开后广大企业的福祉。

第三，使中国国内各学科围绕"一带一路"实验形成整合。近似于"一带一路"研究所这样的智库信息集散中心，可以通过国家行为体的研究有效集成已有信息为我所用，根据现实的需要"拿来主义"，使30多年的国际关系研究、对象国舆情研究、外交政策研究、经济学研究、文化学研究成果得以进行实践的检验，以期在更广阔的空间以综合的方式实施"一揽子"方案。国家以国家间协议的方式为企业提供"一带一路"开放式实验平台，可使"一带一路"构想的系统辨识在新战略方向上的研究普遍化和大众化，并鼓励平等竞争和多学科合作，带来各种学术研究"接地气"和"研究着陆"的春风，也可以增强学者对"一带一路"的认同感、参与感和责任感。

当然，在"一带一路"倡议构想的实施方法中实验只是其中较为重要的一种。关于"一带一路"实施路径的研究，不应当是一元的，而应当是多元的。即使是实验本身，也可能存在着各种各样的偏差。在探索"一带一路"最佳运作模式的过程中，有步骤、有计划、低调务实始终是我们应当谨记的原则。

第二节　塑造情感共同体[①]

十八大以来，中国政府在周边外交方面提出了一系列理念以服务于"一带一路"倡议，"命运共同体"就是其中的一个亮点。从频率上看，"命运共同体"作为周边与全球外交的目标出现的次数越来越多。从范围上看，"命运共同体"的概念不仅被领导人使用在两岸关系上，还向

---

① 本节为笔者论文《情感认同与命运共同体》一文的一部分。原文12000字。

更广泛的对外关系领域渗透。因此在这个意义上而言，"命运共同体"是一个地域范围空前广泛、涵盖全球、跨越地理和政治层面的全方位、多层次的概念，是十八大乃至十九大以来中国外交领域在"世界观""全球观"上的一个非常明显的变化。

在这个背景下，中国处理与周边关系的目标——"命运共同体"的建设作为"总体外交"的组成部分被提到了周边外交的目标来定位。但中国周边国家作为一个地缘政治区概念，与覆盖面更大的"亚太共同体""世界命运共同体"有着显著的不同：与其他区域相比，中国周边的国际关系更加复杂，多个地区大国在本地区角力，各种国际和地区组织形成交叉，安全联盟和经济整合形成两个不同甚至存在矛盾的内容。因此，有学者建议将世界分为"友好""合作""普通"和"冲突"四类国家，并针对不同的国家采取不同的政策。[①] 这个思路代表了中国学者在探索中国外交实现思维转换中的成果，值得进一步研究和挖掘。如果能将这个思路与"命运共同体"的理论探索结合起来，会有一些新的思考和成果。

一、问题的提出

随着中国海外利益的不断拓展和国际地位的提高，周边地区日益成为中国外交的重点区域。党的十八大报告强

[①] 阎学通：《大国外交得区分敌友》，《环球时报》，2014年8月25日，第四版。在该文中，作者提出对于综合实力弱于中国的国家，无论国家大小，对友好国家一律采取仁义相助的政策，对合作国家采取适当照顾的政策，对普通国家采取平等互利的政策，对冲突国家采取针锋相对的政策。尽管该文只是在报纸上刊登，但是本书认为这种思考带有前瞻性，有进一步探索的价值。

调，人类只有一个地球，各国共处一个世界，要倡导"人类命运共同体"意识。习近平就任总书记后首次会见外国人士就表示，国际社会日益成为一个你中有我、我中有你的"命运共同体"，面对世界经济的复杂形势和全球性问题，任何国家都不可能独善其身。①"命运共同体"是近年来中国政府反复强调的关于人类社会的新理念。2011年《中国的和平发展》白皮书提出，要以"命运共同体"的新视角，寻求人类共同利益和共同价值的新内涵。

促进周边国家参与中国倡导的命运共同体建设是中国维护国家利益、履行地区责任的重要方式。"中国梦"的实现，离不开周边国家对中华民族复兴的认可和接受。"命运共同体"作为一种目标要在中国外交更加主动、更加积极的实施情景中达成，除了高度关注中国自身的对外举措之外，更应从周边国家对中国外交政策的接受程度，以及是否主动参与共同构建来考察。

二、核心概念：外交学视角下的"命运共同体"

中国周边国家对"命运共同体"采取何种态度，不仅取决于中国采取何种周边政策，也取决于邻国对中国政策和本国利益的考量。不同的国家有不同的利益，也会有存在着多元、有差异的对华政策。这一点是符合中国与邻国关系现状的。因此，邻国参与"命运共同体"的类型和深

---

① 骆猛：《系繁荣共享之"带"，走命运共存之"路"》，人民网—中国共产党新闻网，2016年7月28日。

度、广度存在差异。但这并不意味着"命运共同体"的概念需要被稀释，成为包罗万象的内容。在学术界的叙述中，价值共同体、利益共同体、责任共同体和命运共同体是一个并列而不相等的概念。例如，2014年4月10日，国务院总理李克强在博鳌亚洲论坛2014年年会开幕式上的演讲中指出，应"坚持共同发展的大方向，结成亚洲利益共同体"，"构建融合发展的大格局，形成亚洲命运共同体"，"维护和平发展的大环境，打造亚洲责任共同体"。在这几个共同体的描述中，"命运共同体"是一个长期在领导人讲话中占据核心位置的表述。

"命运共同体"或称"人类命运共同体"一般解释为在追求本国利益时兼顾他国合理关切，在谋求本国发展中促进各国共同发展。为了弄清这个概念，需要简要辨析一些类似概念，并从政治学中寻找答案。

从政治学角度来看，"命运共同体"与"政治共同体"的概念在一些学术论文中经常被通用，例如"政治共同体是不同族群基于自愿原则通过相互承认结合而成，所以，这种相互承认结合成的共同体实际上是一种命运共同体，即不同族群之间负有相互支持、相互保护的责任和义务，任何一方都不应单方面地背弃这种义务"[1]。在这里，"命运共同体"被视为"政治共同体"的同义词。这个定义中强调了"共同体"的自愿、相互承认特点，也照顾到了"命运"的相互保护、相互支持的内涵，是一种较为学术

---

[1] 周光辉、刘向东：《全球化时代发展中国家的国家认同危机及治理》，《中国社会科学》，2013年第9期。

性的解释。本书认为，该解释在作为政治学组成部分的国际关系学中也具有较强的解释力，只不过主体由"族群"变成了"国家"。因此，可以将"命运共同体"定义为不同国家基于自愿原则通过相互承认结合而成，不同国家之间负有相互支持、相互保护的责任和义务，任何一方都不应单方面地背弃这种义务。

由于"命运共同体"基于21世纪全球化的现实发展以及各国之间的相互渗透，因此实际上存在着不同的层次。习近平主席提出的五个方面（"讲信修睦（政治上）、合作共赢（经济上）、守望相助（安全问题上）、心心相印（心理上）、开放包容（外部关系上）"）中，每一个方面都构成了"命运共同体"的组成部分，但并不是每个国家都愿意参与其中的全部方面。在这里，"命运共同体"的五个层面综合起来有着以下特征：

第一，政治上相互信任。"命运共同体"建设高度重视政治的引领作用，各国经常就地区重大问题交换意见，消除疑虑，扩大共识，巩固友好，深化互信，不断增强"命运共同体"意识，营造良好的政治环境。除了政治上相互尊重、共同协商之外，"命运共同体"内部还要充分信任，通过升级政治、社会和人文合作，升级安全合作，消除信任赤字，强化"命运共同体"的根基。

第二，经济上合作共赢。从时代背景来看，随着经济全球化的迅速发展，国家间经济相互依赖程度不断加深。很多共同利益领域，各个国家无论规模大小和实力强弱在一定意义上形成了相互依存的命运共同体。"命运共同体"首先要实现的基础性目标是在追求本国利益时兼顾他国合理关切,在谋求本国发展中促进各国共同发展,建立更加平等均衡的新型全球发展伙伴关系,同舟共济,权责共担,增进共同利益。

第三,安全上相互帮助。安全在国家利益中居于核心位置,在安全议题上相互信任,共同维护地区和平与稳定,才能谈得上命运共同体。在安全上相互帮助意味着责任和义务是相等的,各国在以这样或那样的方式分享与分担着彼此的命运并以此为指导在安全上相互帮助。具体而言,需要在坚持新安全观核心思想的基础上,重点促进邻国对利益相系、义利相融这一原则的共识,主动消除邻国对中国的战略疑虑,不断扩大双方的安全共同体、责任共同体,逐步超越中国与一些邻国的安全困境。

第四,心理上相互认同。"命运共同体"不仅在文化上相互借鉴,相互包容,共同繁荣,还要形成一定的共同体认同。认同源于一种"命运共同体"的感觉,是一种现实利益的认同,更是一种血肉相联的情感。要建设"命运共同体"不仅要破除国际关系现实形成的冲突魔咒,还要从文化、心理等情感角度发展共识。在"命运共同体"内部,每个参与的国家都趋向于把自己和他国的命运看成是交织在一起的,发展和进步、成功和失败都是共同分享的。由于共同体内部基于认同,因此在行为上必然更多地表现出合作和自我控制,进一步使"命运共同体"形成相互尊重的文化、共享的价值观、承诺、信念等。

第五,外部关系上开放包容。这意味着"命运共同体"内部在外部关系上是完全自愿和平等的,既可以参与"命运共同体",也可以不参与。在这一点上,命运共同体里的国家虽然需要承担一定的责任和义务,但是不带有强制性,而是自愿和自觉的。因此"命运共同体"不同于"使命共同体"。"命运共同体"高于"自然共同体",而低于"使命共同体"。"使命共同体"基于一种共同的责任和义务,成员国有着较强的改造世界秩序或地区秩序的使命感。

要实现这五个方面的内容,不能单独依靠某一个环节。正如前文所说,单独有"经济共同体""安全共同体"无法建成"命运共同体",但没有经济利益共享、安全与政治信任,"命运共同体"也无法形成牢固的物质基础。因此,"命运共同体"需要政治、经济、心理、安全和战略等方方面面的建设,是一个全方位的机制。

基于以上理解,本书倾向于将"命运共同体"看成一种共同体的高级阶段,而不是历史上各种共同体或者现存国际关系中各种共同体的简单相加。这个"命运共同体"具有以下的特征:

第一,共同价值观。从价值观来看,"相互依存的国际权力观、共同利益观、可持续发展观和全球治理观,为建设人类命运共同体提供了基本的价值观基础",[①]"命运共同体"的参与国家要追求公平性、可持续性和共同性的原则,认同"我们只有一个地球"的理念,形成以理念为纽带的"价值共同体",以经济为纽带的"利益共同体",并

[①] 曲星:《人类命运共同体的价值观基础》,《求是》,2013年第4期。

在两个基础上建设"命运共同体"。在这个方针的指导下，邻国与中国形成了联系紧密的"命运共同体"，共同采取措施和加强合作，一起构建解决全球问题的"责任共同体"。"命运共同体"的思维注重每个国家的参与，强调以"命运共同体"形成凝聚和引领地区秩序的功能与共同价值观，形成"共同善"（common good），使得共同体内部的公共利益高于国家私利，并主动为共同体服务、参与公共事务，维护"共同善"。

第二，共同命运。"命运共同体"包含政治、经济、安全、心理、外部关系等层次的命运"共同性"。在共同体内部，各国紧密结合，不仅作为利益共同体中的一员，本着利益共享、命运共同的原则共同发展，还本着生死与共"命运共同体"的原则最终达到促进共同体内部每个成员价值和利益的实现。

第三，共同责任。"命运共同体"内部之间通过平等的沟通和协商，明确相互之间的期望与责任，降低双方由于分歧而产生的误解，在"命运共同体"中建立一种互信（mutual trust）、互敬（mutual respect）、互报（mutual obligation）的良性关系，使各国之间相互依存、相互渗透、相互制约，实现国家之间以及国家与共同体之间的最佳匹配。共同责任也意味着邻国要具有一定的主动意识，形成自觉意识，主动发挥积极性、主动性和创造性，提升共同干事创业的信心和决心。

第四，相互认同。相互认同意味着认同建设某个"命运共同体"的国家更倾向于从共同体的整体利益的角度进行思考和行动。20世纪中后期，中国与广大亚、非、拉国家连结为一个相互之间形成认同，在民族独立和反霸权主义的活动中同甘共苦、风雨同舟，形成祸福同享、荣辱与共的命运共同体。2014年，亚信峰会上习近平主席提出构建"亚太命运共同体"的路线图，并郑重表示："中国将致力于构建横跨太平洋两岸、惠及各方的地区合作框架，深化区域一体化进程，推动在太平洋两岸构建更加紧密的伙伴关系，共谋亚太长远发展。"① 要达到"紧密"的状态，显然没有信任、认同的参与是无法实现的。

三、理论假设：影响邻国对华"命运共同体"外交态度的因素分析

本书的假设是，一个国家采取对华友好政策是"命运共同体"（通过提升区域经济一体化的水平，建设比较深入和完善的"经济共同体"，在此基础上，逐渐建设"安全共同体"，然后才是包含政治、经济、安全、社会、文化等多方面内涵的成熟的周边"命运共同体"）在该国外交领域得到回应的基本路径。

这个假设的基础是邻国的国家利益考量——参与中国提出的"命运共同体"，首先是基于对自身利益的考量。周边国家对中国主要存在着三个层面的利益：第一是经济利益，即搭乘中国经济起飞的列车，实现本国的经济发展从中国经济发展中受益。第二是安全利益，争取本国的安

---

① 习近平：《携手建设中国—东盟命运共同体——在印度尼西亚国会的演讲》，新华社，2013年10月3日雅加达电。

全利益不受侵害，同时也不与中国发生冲突，保证地区和平。第三是格局利益，确保亚太地区保持力量平衡，避免任何地区或外部大国垄断亚太事务、谋求亚太地区的霸权，因此本地区既要预防亚太地区出现中国"独大"的局面，也要避免与中国形成冲突的格局。在这个假设得以论证之前，需要排除一些选项：

第一，经济利益相关度。假设之一：邻国与中国的经济关系越紧密，则该国越有意愿参与中国提出的"命运共同体"。这个假设显然不具有说服力。例如作为经济依存度一个观察点的进出口贸易就呈现与假设不吻合的特点。长期以来，中国是菲律宾的第三大贸易伙伴，自2010年以来，菲律宾对华贸易持续激增，2010年菲中双边贸易额较2009年增长35%，达到277.64亿美元，2011年双边贸易额较2010年增长22%，达到322.54亿美元，[1]双边经济的依存度不断提高。而在东盟新六国中，越南对华贸易是新成员中最高的，对中国的贸易额与菲律宾不相上下。尽管菲律宾、越南与中国的贸易有着越来越大的依存度，但是两国除了在东盟的框架内呼应"中国—东盟命运共同体"之外，截至2014年8月，没有从官方的角度呼应中国的"命运共同体"主张。这说明"经济共同体"（2010年建成的中国—东盟自由贸易区）并不必然导向"命运共同体"，"经济共同体"是"命运共同体"一个充分不必要的条件。

---

[1] 《菲律宾2011年与中国双边贸易额破300亿美元》，中新社，马尼拉2012年1月22日电（记者 张明）。

第二，安全利益考量。假设之二：中国与邻国之间的安全议题越少，则邻国参与"命运共同体"的意愿越强烈。该假设具有较强的说服力，但是不具有普遍性。日本田恒存等人在1977年提出"命运共同体意识论"，强调文化（意识和思想）在实现两国共同目标、沟通两国国民感情上的重要作用，得到韩国方面的积极呼应。尽管两国存在着领域争端，分歧难以调和，但并不意味着两国反对"命运共同体"，因此安全议题是"命运共同体"建设的重大影响因素，但不是唯一影响因素。

第三，情感共同体。即心理情感层面上越认同中国，则越有利于建设"命运共同体"。在这一阶段，该国的外交政策有向中国方向调整的动态结构，以情感上接受中国政治制度、经济发展道路或文化的合理性，行为上导向双边关系的友好，信仰上认可接近中国能增进或改善己国国家利益为基本特征。文化上的相似性并不必然导致两国倾向于建设"命运共同体"，例如文化上与中国差异较大的尼泊尔，属于南亚文化区，但对中国提出的"命运共同体"表现了极大的兴趣。

2013年10月，中国国家主席习近平在印度尼西亚国会发表题为《携手建设中国—东盟命运共同体》的重要演讲，明确提出要建设更为紧密的中国—东盟命运共同体，并从五个方面论述建设中国—东盟命运共同体的内涵，与东盟建立"兴衰相伴、安危与共、同舟共济的好邻居、好朋友、好伙伴"关系，体现了中国的主张。因此，建设周边"命运共同体"，只有情感上认同中国，才会积极主动地参与建设中国提出的"命运共同体"。

"情感共同体"是一个较为意识层面的术语，相比"经济共同体"体现在贸易依存度方面，"安全共同体"体现在安全协议与互信措施方面，"情感共同体"更加形而上，也难以把握。要体现出"情感共同体"上认同中国、信任中国，体现与中国发展关系的主动性和积极性，只有采取一定的衡量标准。这个标准一定是体现为物质层面、行为层面的。

第三节 争取话语权

话语权是指一种信息传播主体的潜在的现实影响力，实质上是一种主体对对象的权威性意志的施加使其服从主体议题的一种能力。在当代国际体系下，话语权指影响国际议题发展方向的能力。本书认为，对世界传递"中国形象""中国好声音"，讲好"中国故事"，争取国际话语权的关键是诚实、自信，同时要注意搜集准确的国外信息。

一、大型会议窗口传递"中国好声音"

中国举办的大型会议事实上是一个窗口，给西方社会带来了观察了解中国动向、政策导向的机会。比如中国经济发展要施行哪些措施，中国在民生方面有哪些改进方式，经济增长方式有哪些改变等，这对于西方舆论观察了解中国有非常大的好处。

我们向世界解释中国经济和中国政策的时候，也一定要注意到我们国家已经高度国际化。实事求是、客观公正地向国际社会讲好"中国故事"，其中最重要的品质是要诚实、自信。

二、争取国际话语权需积极参与、相互理解

就争取国际话语权这个问题来说，主要有以下的几个原则：

我们要求同存异。中西方理念上的文化差异是客观存在的，不可能回避或抹平差异。求同存异并不是说中国单纯地向西方文化靠拢，更不能是一种服从。国际关系根本上是一种相互建构的关系，中国可以在坚守自己思维方式的同时，向西方文明解释自己的思维方式，让西方理解中国的行为模式，这才能谈得上真正的中西方文明交流。

我们要积极参与一些国际话语的创建。鸦片战争以来，西方文明一直主导着国际话语体系，出现中国向世界来解释自己的状况，而反过来美国就不需要向世界解释自己。中国之所以处于这样一种劣势，根本原因是中国在国际上的话语权处于一个比较弱势的地位。这就需要我们了解对方的语言逻辑习惯和文化习惯。

三、文化差异导致声音传递出现误差

中西方文化的差异,导致中国好声音被西方曲解。第一是主导性差异,中国的思维模式偏哲学化、模糊化,而西方的语言偏重于精确化。比如说汉字中的"一"可以代表几百种含义,但是西方的 one 就是单一的数量词,比较精确。所以中西方的文明是实证化的哲学和现象学科学的差异,我们中国更多的是一种现象学的学问,西方的科学绝大多数是一种实证科学。这两种文明在描述问题的时候,准确度是不一样的,各有利弊。

第二是文化上的差异来自于历史传统、宗教文化。中国崇尚儒家文明,强调家庭观念,伦理观念,以及孝道,也就是忠、孝、节、义等。西方文明强调所有的信徒都是上帝的子民,可以对上帝赎罪。这对中西方相互理解上造成了很大的差异。

第三是经济对文化的影响。西方社会经过市场经济资本主义的反复冲刷,市场经济观念和对于金钱商品的观点和中国有很大不同。

第四是思维方式不同。中国文明强调系统和综合,而西方文明强调精细分工。中国人擅长综合性、系统性思维,而西方文明强调分析性思维、逻辑性思维。这两种思维各有利弊。系统和综合性思维更多的是崇尚大国的状态,而分析性思维倾向于小国家、欧盟共同体等形式,强调个体。

四、西方媒体"挑剔的目光"并不只针对中国

西方媒体对于自身的定位是有问题的。西方的思维模式是批评式舆论,其主导舆论对所有国家都是一种挑剔的眼光,不但对中国的经济挑三拣四,其实对所有国家都一样。西方国家认为媒体是一种批评并建设的角色,也就是说媒体要批评、监督国家的政府。从西方媒体那里,不仅能看到中国的负面信息,同样能看到其他各国的负面信息,并不是单纯针对中国。而中国的舆论更多是承担着一种信息传递以及激励性角色,本身并不意味着赞扬或批评,原因在于中国人的思维模式是向善的。

五、依法合规丰富信息搜集渠道

在"一带一路"的研究中,一些关键性信息的缺失和错误给我们的研究带来了很多麻烦。例如特朗普赢得美国总统大选。这个结果与众多专家的预测截然相反。同样,媒体由于受到美国媒体的影响,造成了对结果的误判。那么问题是:我国如何建立对美研判的第一手资料。从失败的原因可以分析,当前我们在国际话语权建设中的问题主要是:

第一,过于依赖西方媒体提供的主流资料信息。这一点毋庸多言。国内媒体几乎成了美国主流媒体的传声筒,高度依赖西方媒体提供的内容与信息,不自觉地接受了美国媒体传递的价值观和世界观。

第二，对心理学中"偏好伪装"理解不够。这在以前的美国总统选举中也曾出现过，但它不构成问题，不足以威胁到总统选举的结果。但现在不一样了，如在美国，因特朗普的口无遮拦，对妇女、移民的政策，使得公开支持特朗普成为但凡受过教育人群唯恐避之不及的事情。

第三，选择性"失明"与遗漏。在关于美国总统的选举结果问题上，很多学者便有不同的看法。

面对这样的现实状况，本书建议进行以下的建设：

第一，立足于"新"。成立美国推特、脸书等新媒体的开源数据分析中心。专门收集这些新媒体的民众表达的信息渠道。对他们言论的关键词分析，能够得出更为科学的结论。

第二，重视脚踏实地的科学"研究"，赋予中国学者更多的科研自由度。应允许研究美国的学者通过合法、合理的渠道到美国进行实地调查，避免学者由于各种限制而无法接触到第一手的资料。更应该鼓励学者深入美国的基层社会进行调查研究。特别是在很多情况下，由于国内资助的短期项目条件过于优越，因而导致了"项目性旅游"观感产生了对该国好的印象，但是如果采取"生存化出国"的模式，体验该国的劳动与就业，则会得到更为客观理性的认识。

第三，在尊重美国文化和遵守美国法律基础上建立符合所在国法律法规的"新闻网络"。应进一步建立中国媒体在美国境内的信息收集制度。特别是新媒体用户群体，在美国建立合法可靠的、依法合规的新闻收集系统。

第四，整合建立中国自己的全英文国际媒体，有礼有法争取国际话语权。我们要想实现习近平总书记关于建立中国自信、掌握话语权的嘱托，就要下大力气建立自己的全英文国际媒体，塑造英语世界的媒体话语权。

主要参考文献

一、中文文献

1. ［德］尤尔根·哈贝马斯著，曹卫东译：《包容他者》，上海人民出版社，2002年版。

2. ［德］尤尔根·哈贝马斯著，曹卫东译：《交往行为理论》（第一卷：行为合理性与社会合理性），上海人民出版社，2004年版。

3. ［美］布热津斯基著，中国国际问题研究所译：《大棋局——美国的首要地位及其地缘战略》，上海人民出版社，2007年版。

4. ［美］亨利·基辛格著，胡利平、凌建平译：《美国的全球战略》，海南出版社，2009年版。

5. ［美］肯尼思·沃尔兹：《国际政治理论》，北京大学出版社，2004年版。

6. ［美］肯尼斯·沃尔兹著，胡少华等译：《国际政治理论》，中国人民公安大学出版社，1992年版。

7. ［美］罗伯特·基欧汉、约瑟夫·奈著，门洪华译：《权力与相互依赖》，北京大学出版社，2002年版。

8. ［美］罗伯特·杰维斯：《国际政治中的知觉与错误知觉》，世界知识出版社，2003年版。

9. ［美］亚历山大·温特著，秦亚青译：《国际政治的社会理论》，上海世纪出版集团，2008年版。

10. ［美］约瑟夫·奈著，吴小辉等译：《软权力：世界政坛成功之道》，东方出版社，2005年版。

11. ［印］贾瓦哈拉尔·尼赫鲁：《印度的发现》，世界知识出版社，1956年版。

12. ［印］拉斐奇·多萨尼著，张美霞译：《印度来了：经济强国如何重新定义全球贸易》，东方出版社，2009年版。

13. ［英］约翰·汤林森著，冯建三译：《文化帝国主义》，上海人民出版社，1999年版。

14. 陈继东：《当代印度对外关系研究》，巴蜀书社，2005年版。

15. 董秀丽：《世界大国文化外交——美国卷》，知识产权出版社，2013年版。

16. 杜雁芸：《美国政府对中国国家形象的认知》，时事出版社，2013年版。

17. 方连庆等：《战后国际关系史（1945—1995）》，北京大学出版社，1999年版。

18. 胡文涛：《美国文化外交及其在中国的运用》，世界知识出版社，2008年版。

19. 胡志勇：《文明的力量：印度崛起》，新华出版社，2006年版。

20. 黄金祺：《外交外事知识和技能》，世界知识出版社，1999年版。

21. 雷启淮主编：《当代印度》，四川人民出版社，2000年版。

22. 李道揆：《美国政府和美国政治》，中国社会科学出版社，1990年版。

23. 李庆余：《美国外交——从孤立主义到全球主义》，南京大学出版社，1990年版。

24. 林承节：《印度史》，人民出版社，2004年版。

25. 刘建、葛维钧等：《印度文明》，福建教育出版社，2008年版。

26. 陆镜生：《美国人权政治——理论和实践的历史考察》，当代世界出版社，1997年版。

27. 马加力：《崛起中的巨象——关注印度》，山东大学出版社，2010年版。

28. 马嫛：《当代印度外交》，上海世纪出版集团，2007年版。

29. 倪世雄、刘勇涛：《美国问题研究》，时事出版社，2006年版。

30. 孙培钧、华碧云：《印度国情与综合国力》，中国城市出版社，2001年版。

31. 孙士海：《印度的发展及其对外战略》，中国社会科学出版社，2000年版。

32. 王绳祖主编：《国际关系史第八卷（1949—1959）》，世界知识出版社，1995年版。

33. 王绳祖主编：《国际关系史第九卷（1960—1969）》，世界知识出版社，1995年版。

34．王玮：《美国对亚太政策的研究（1945—1972）》，山东人民出版社，1995年版。

35．王晓德：《美国文化与外交》，世界知识出版社，2000年版。

36．吴永年：《21世纪印度外交新论》，上海译文出版社，2004年版。

37．阎学通、杨原：《国际关系分析》，北京大学出版社，2013年版。

38．阎学通：《中国国家利益分析》，天津人民出版社，1996年版。

39．杨会军：《列国志·美国》，社会科学文献出版社，2004年版。

40．赵干城：《印度的大国地位与大国外交》，上海人民出版社，2009年版。

41．赵蔚文：《印中关系风云录》，时事出版社，2000年版。

42．赵晓春：《发达国家外交决策制度》，时事出版社，2001年版。

43．郑启荣、牛仲君主编：《中国多边外交》，世界知识出版社，2012年版。

44．资中筠：《战后美国外交史》（上、下册），世界知识出版社，1994年版。

二、英文文献

1. A more secure world: Our shared responsibility, Report of the High-level Panel on Threats, Challenges and Change, United Nations 2004.

2. Appadorai, Selected Documents on India's Foreign Policy and Relations, 1947 – 1972, Vol. 1, New Delhi, 1982.

3. Ali Ahmed, Strategic Culture and Indian Self-assurance, Journal of Peace Studies, Vol. 17, Issue 2&3, April-September, 2010.

4. Amb. Karl F. Inderfurth, Engaging India In A Global Partnership, Washington Report published by the East-West Center I US Asia Pacific Council, Volume 5 November 2010.

5. Amiya Kumar Bagchi, China-India-Russia: Moving Out of Backwardness, or, "Cunning Passages of History", *China Report* 2007 43: 139.

6. AnuradhaM. Chenoy, India and Russia: Allies in the International Political System, *South Asian Survey* 2008 15: 49.

7. Ashley J. Tellis, The Evolution of U. S. – Indian Ties, Missile Defense in an Emerging Strategic Relationship, *International Security*, Vol. 30, No. 4 (Spring 2006).

8. B. C. Upreti, Mohan Lal Sharma, S. N. Kaushil, Indian's Foreign Policy: Emerging Challenges and Paradigms (Vol. 1), Kalinga Publications, Delhi, 2003.

9. Baldev Raj Nayar, T. V. Paul, India in the World Or-

der: Searching for Major-Power Status, Cambridge University Press, 2003.

10. Baldev Raj Nayar, T. V. Paul, India in the World Order: Searching for Major-Power Status, Cambridge, 2003.

11. Bernd Von Muenchow-Pohl, India And Europe In A Mu Lti Polar World, 2012 Carnegie Endowment for International Peace.

12. BijuThomas, Putin's India Policy: Mutual Gains for Future, *India Quarterly: A Journal of International Affairs* 2007 63: 121.

13. C. Raja Mohan, Rising India's Great Power Burden, The Sigur Center For Asian Studies, Asia Report, Issue No. 7, January, 2010.

14. ChrisAlden and Marco Antonio VieiraReviewed, The New Diplomacy of the South: South Africa, Brazil, India and Trilateralism, Third World Quarterly, Vol. 26, No. 7 (2005).

15. David M Malone, Soft Power in Indian Foreign Policy, Economic & Political Weekly, India, september 3, 2011 vol xlvi no 36.

16. Deborah Welch Larson and Alexei Shevchenko, Status, Identity, and Rising Powers, Prepared for CIPSS/CEPSI Workshop on International Security and Political Economy McGill University October, 25, 2010.

17. Dominic Wilson, Roopa Purushothaman, Dreaming With BRICs: The Path to 2050, Global Economics Paper No: 99, 1st October 2003.

18. Dominic Wilson, Roopa Purushothaman, Dreaming

With BRICs: The Path to 2050, Global Economics Paper No: 99, 1st October 2003.

19. Emerging Powers In Africa: An Overview, AFRICA QUARTERLY, Indian Journal Of African Affairs, Volume 51, No. 3 - 4, August 2011 - January 2012.

20. Evan A. Feigenbaum, India's Rise, America's Interest, Foreign Affairs, March/April 2010.

21. G. V. C. Naidu, India-Japan Relations: Towards a Strategic Partnership, *China Report* 2005, Published by SAGE.

22. George J. Gilboy, Eric Heginbotham, Chinese And Indian Strategic Behavior: Growing Power and Alarm, Cambridge University Press, Cambridge/New York, 2012.

23. George Perkovich, Is India a Major Power? *The Washington Quarterly*, 27: 1, 2003.

24. Harish Kapur, India's Foreign Policy 1947 - 92: shadow and Substance, Sage Publications, New Delhi, 1994.

25. Harish Kapur, India's Foreign Policy 1947 - 92: Shadows and Substance, Sage Publications, New Delhi, 1994.

26. Harsh V. Pant, Indian Foreign Policy in a Unipolar World, Routledge, London, 2009.

27. Harsh V. Pant, India's Nuclear Doctrine and Command Structure: Implications for Civil-Military Relations in India, *Armed Forces & Society* 2007 33: 238.

28. Henry R. Nau, Richard Fontaine, India as a Global Power: Contending Worldviews from India, The Sigur Center for Asian Studies is an international research center of the Elliott

School of International Affairs at The George Washington University, March 2012.

29. India's foreign Policy, Selected Speeches from September 1946 April – 1961 (New Delhi, Publication Division, Government of India, 1961).

30. Peter Pham, India In Africa: Implications Of An Emerging Power For AFRICOM And U. S. Strategy, Strategic Studies Institute (SSI), U. S. Army War College, March 2011, ISBN 1 – 58487 – 483 – X.

31. James P. Muldoon Jr., Multilateral Diplomacy and the United Nations Today, Westview Press, 1999.

32. Jawaharlal Nehru, India's Foreign Policy, Selected Speeches, September 1946—April 1961.

33. Jim O'Neill, Building Better Global Economic BRICs, Global Economics Paper No: 66, 30th November 2001.

34. P. Saksena, India's Fifty Years at the United Nations: A Critique, *International Studies* 1995 32: 375.

35. K. P. Vijayalakshmi, American Worldview and Its Implications for India, *South Asian Survey* 2008 15: 195.

36. K. Subramanyam, In Search Security after the Cold War, World Affairs, October-December 1997.

37. Kabilan Krishnasamy, A Case for India's "Leadership" in United Nations Peacekeeping, *International Studies* 2010 47: 225.

38. Kenneth Lieberthal and Wang Jisi, Addressing U. S. – China Strategic Distrust, Monograph Series, number 4, March

2012, John L. Thornton China Center at Brookings.

39. Kim ChanWahn, The Role of India in the Korean War, International Area Review, Volume 13, Number 2, Summer 2010.

40. Kofi A. Annan, In Larger Freedom: Towards Development, Security and Human Rights for All, 21 March 2005.

41. Lisa Curtis, Enhancing India's Role in the Global Nonproliferation Regime, A Report of the CSIS South Asia Program and the Nuclear Threat Initiative, December 2010.

42. Lisa Curtis, India's Expanding Role in Asia: Adapting to Rising Power Status, Published by The Heritage Foundation, February 20, 2007.

43. *Taylor Fravel*, China Views India's Rise: Deepening Cooperation, Managing Differences, Asia Responds To Its Rising Powers *China And India*, *Edited By* Ashley J. Tellis, Travis Tanner, And Jessica Keough, Strategic Asia 2011 – 12.

44. Manjeet Singh Pardesi, Deducing India's Grand Strategy Of Regional Hegemony From Historical And Conceptual Perspectives, Institute Of Defence And Strategic Studies Singapore, April 2005.

45. Meenal Shrivastava, South Africa in the Contemporary International Economy: India's Competitor or Ally? *South Asian Survey* 2008 15: 121.

46. Mo'nica Hirst, Brazil-India Relations: A Reciprocal Learning Process, *South Asian Survey* 2008 15: 143.

47. Narottam Gaan, America Crowning the Unipolar Moment: An Incursion into Sovereignty and Independence of States

like India, *India Quarterly*: *A Journal of International Affairs* 2009 65: 123.

48. Prasenjit K. Basu, Brahma Chellaney, India as a New Global Leader, The Foreign Policy Centre, London, 2005.

49. Priya Shankar, Old player, new role? India in a multipolar world, Foresight, March, 2010.

50. R. S. Yadav, Changing India-Japan Relations in the Post-Cold War Era, *India Quarterly*: *A Journal of International Affairs* 2002, Published by SAGE.

51. Rajaram Panda & Victoria Tuke, India-Japan-US Trilateral Dialogue: A Promising Initiative, IDSA Issue Brief, November 22, 2011.

52. Richard L. Armitage, R. Nicholas Burns, Richard Fontaine Natural Allies: *A Blueprint for the Future of U. S. - India Relations*, Center for a New American Security, 2010.

53. Robert D. Blackwill and Naresh Chandra, Chairs Christopher Clary, Rapporteur, The United States and India A Shared Strategic Future, The Council on Foreign Relations and Aspen Institute India, 2011.

54. Saleem Kidwai, Indo-Soviet Relations, Rima Publishing House, New Delhi India, 1985.

55. Satish Kumar, Towards a Stronger and More Democratic United Nations: India's Role, *International Studies* 1993 30: 173.

56. Satya R. Pattnayak, India as an Emerging Power, *India Quarterly*: *A Journal of International Affairs* 2007 63: 79.

57. Sekhar Ghosh, Dynamics of Nuclear Arms Control: Case of the CTBT, India Quarterly, 1996, No. 4.

58. Sequeira Vikrum, IBSA, International Relations Theories, and Changes in the Global Architecturein Meeting Paper, April 3, 2008.

59. Sourabh Gupta, When Sleeping Giants Awaken: China and India in the New World Order, Asia Policy, The National Bureau of Asia Research, Seattle, Washington, Number 11, January 2011.

60. Stephen Cohen: India: Emerging Power, Brookings Institution, 2001.

61. Sumit Ganguly, Afghanistan Is Now India's Problem, Foreign Policy, July 19, 2011.

62. TakakoHirose, "Japanese Emerging Nationalism and Its New Asia Policy", in V. R. Raghavan, ed., Asian Security Dynamic: US, Japan and the Rising Power. New Delhi and Chicago: Promilla & Co. Publishers, 2008.

63. *Teresita C. Schaffer*, Partnering with India: Regional Power, Global Hopes, *Strategic Asia* 2008 - 09: *Challenges and Choices*, *edited by* Ashley J. Tellis, Mercy Kuo, and Andrew Marble, Seattle, USA.

64. U. S. - Japan-India Report: The United States, Japan, and India: Toward New Trilateral Cooperation, CSIS, August 16, 2007.

65. Ummu Salma Bava, India and the European Union: From Engagement toStrategic Partnership, *International Studies*

2010.

66. Yasheng Huang, Tarun Khanna, Can India Overtake China? Foreign Policy, July 1, 2003.

67. Yeshi Choedon, India's Perspective on the UN Security Council Reform, *India Quarterly: A Journal of International Affairs* 2007 63: 14.

68. Yeshi Choedon, India's Perspective on the UN Security Council Reform, *India Quarterly: A Journal of International Affairs* 2007 63: 14.

图书在版编目（CIP）数据

"一带一路"建设中的美印因素研究/徐亮著. —北京：时事出版社，2019.2
ISBN 978-7-5195-0134-1

Ⅰ.①—… Ⅱ.①徐… Ⅲ.①中美关系—研究②中印关系—研究 Ⅳ.①D822.371.2②D822.335.1

中国版本图书馆CIP数据核字（2018）第194970号

出 版 发 行：时事出版社
地　　　址：北京市海淀区万寿寺甲2号
邮　　　编：100081
发 行 热 线：（010）88547590　88547591
读者服务部：（010）88547595
传　　　真：（010）88547592
电 子 邮 箱：shishichubanshe@sina.com
网　　　址：www.shishishe.com
印　　　刷：北京旺都印务有限公司

开本：787×1092　1/16　印张：10.25　字数：220千字
2019年2月第1版　2019年2月第1次印刷
定价：88.00元
（如有印装质量问题，请与本社发行部联系调换）